101가지
쿨하고 흥미진진한
한국사 이야기

이제 청동기인 나의 시대야. 난 아무나 가질 수 없는 귀한 몸이라고!

나도 아직 현역인데….

반달 돌칼

독서 습관을 기르는 **쿨** 스토리

101가지
쿨하고 흥미진진한
한국사 이야기

글 황인희 ● 그림 신지혜

시는 정말 아름답고 훌륭한 문학이야.

과거 시험도 시 짓기로 바꿔 버릴까?

연산군

네에?!

ℳ 유아이북스
Ultimate Information

들어가며

우리가 재미있게 공부하는 역사란 대체 무엇일까? 사람들은 역사가 조상들이 살았던 옛날 이야기라고 말하지. 옛날 이야기니까 그냥 재미있게 듣고 보면 될 텐데, 어른들은 왜 역사 공부를 열심히 하라고 성화일까? 그건 역사가 '그냥 옛날 이야기'가 아니기 때문이야. 역사는 조상들이 살아왔던 이야기 중 기록으로 남길 필요가 있다고 생각하는 내용을 간추려서 정리해 놓은 것이지. 그 내용이 본받을 만한 것이든 아니든 간에 우리 후손이 생각해 볼 만한 문제라는 거야. 좋은 일은 따르고 본받으려 하고, 좋지 않은 일은 그 길을 피하려 노력하면 되니까.

그래서 역사는 단순한 옛날 이야기가 아니라 '미래로 가는 길을 밝히는 등불'이라고 생각해. 처음 가 보는 길을 떠나는 데 안내하는 사람이

나 표지판이 있다면 훨씬 쉽게 원하는 곳까지 갈 수 있겠지? 역사는 바로 그런 역할을 해 주지. 여러 가지 역사 중에서도 한국사는 우리에게 더욱 좋은 정보를 알려 준단다. 우리 한반도에서, 우리 민족이 겪은 일이기 때문이야.

　이 책에는 수업 시간에 배우지 않은 내용도 많이 실려 있어. 교과서에는 5000년의 역사를 다 실을 수 없어서 미처 다루지 못하는 내용도 많지. 이 책은 교과서를 통해 배운 역사의 큰 그림 사이사이 빈 공간을 채워 주는 이야기로 구성되었어. 마치 퍼즐 맞추기처럼 말이야. 재미있게 조각을 맞추고 완성된 역사의 큰 그림을 잘 들여다보면 우리가 나아가야 할 길이 보일 거야. 우리 친구들도 그런 기대를 가지고 이 책을 읽고, 또 역사를 공부해 주기 바라. 그럼 이제 역사의 조각을 맞추러 함께 떠나 볼까?

한눈에 보는
한국사 연표

어느 시대일까?	언제일까?	무슨 일이 있었을까?
선사 시대	약 70만 년 전	구석기 시대의 시작
	기원전 8000년경	신석기 시대의 시작
	기원전 1000년경	청동기 시대의 시작
고대 국가 시대	기원전 194년	위만 조선 시작
	기원전 108년	고조선 멸망
삼국 시대	기원전 57년	신라 건국
	기원전 37년	고구려 건국
	기원전 18년	백제 건국
	313년	고구려의 낙랑군 정벌
	527년	신라의 불교 공인 (이차돈의 희생)
	645년	안시성 싸움
	660년	백제 멸망
	668년	고구려 멸망
남북국 시대와 후삼국 시대	676년	신라의 삼국 통일
	698년	발해 건국
	900년	견훤의 후백제 건국
	901년	궁예의 후고구려 건국
	918년	왕건의 고려 건국
	926년	발해 멸망
	935년	신라 멸망

고려 시대	936년	고려의 후삼국 통일
	1126년	이자겸의 난
	1135년	묘청의 난 (서경 천도 운동)
	1170년	무신의 반란
	1231년	몽골의 1차 침입
	1232년	몽골의 2차 침입
	1388년	위화도 회군 (이성계의 반란)
	1392년	고려 멸망
조선 시대	1392년	조선 건국
	1394년	수도를 한양으로 지정
	1506년	중종반정
	1592년	임진왜란
	1623년	인조반정
	1636년	병자호란
	1811년	홍경래의 난
대한제국	1897년	대한제국 선포
	1905년	을사조약
	1907년	헤이그 특사 파견, 황제 퇴위
	1910년	한일합병조약

1 선사 시대

2 고대 국가 시대

3 삼국 시대

4 남북국 시대와 후삼국 시대

5 고려 시대

6 조선 시대

7 대한제국

1

선사 시대

이제 청동기인 나의 시대야.
난 아무나 가질 수 없는
귀한 몸이라고!

나도 아직 현역인데….

001 먼 옛날에는 한반도가 없었다?

바다가 차오르고 있어! 앞으로 어떻게 되는 걸까?

넌 한반도가 될 거야.

쏴아아

반도는 대륙에 한쪽이 붙어 있고 세 면이 바다와 닿은 땅을 말해. 우리가 사는 길쭉한 땅은 한민족이 사는 반도, '한반도'라 부르지. 그런데 아주 오래 전에는 서해 부분이 바다가 아니라 육지였대. 그러니까 한반도는 지금의 중국 땅과 붙어 있었던 거야. 반도가 아니었던 거지. 그뿐만 아니야. 일본도

윗부분은 중국 땅에, 아랫부분은 부산 쪽에 붙어 있었대. 그러니 우리나라와 중국, 일본은 모두 육지로 이어져 있었던 거야.

그 후 지구가 꽁꽁 얼어붙었던 빙하기가 끝나고, 얼음이 녹으면서 바다의 수면이 높아졌어. 낮은 땅이 바닷속에 잠기면서 지금과 같은 땅의 모습이 남은 거지. 그게 언제쯤이냐고? 마지막 빙하기가 약 1만 년 전에 끝났으니 그때쯤 지금과 같은 한반도의 모양이 만들어졌을 거야.

99퍼센트가 모르는 역사 지식

지금의 동해는 원래 땅 가운데 있던 커다란 호수였대.

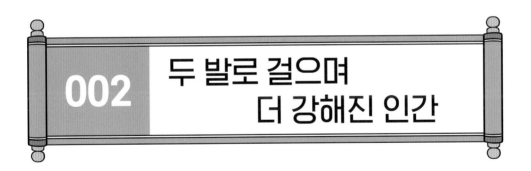

002 두 발로 걸으며
더 강해진 인간

아주 먼 옛날, 인간의 조상은 짐승이나 다름없는 삶을 살았을 거야. 인간이 다른 동물과 다르게 진화할 수 있었던 가장 큰 계기는 두 발로 서서 걷게된 거지. 똑바로 서서 걸으니 두 손이 자유로워지고, 그 손으로 도구를 사용할 수 있었어. 도구는 인간을 다른 동물보다 훨씬 강한 존재로 만들어 주었

단다. 인간에게는 호랑이처럼 강한 발톱도, 뱀과 같은 독 이빨도, 고슴도치 같은 가시도, 하다못해 스컹크 같은 독한 방귀도 없잖아. 그런데도 도구가 있기에 앞서 말한 동물들을 꼼짝 못 하게 할 수 있지.

003 구석기 시대에도 무덤에 꽃을 바쳤다

1983년 충청북도 청원군에서 놀라운 일이 벌어졌어. 굴을 탐사하던 사람들이 아이의 유골을 발견한 거야. 이 아이의 키는 110~120센티미터로 다섯 살 정도 되어 보였어. 사람들은 구석기 시대에 살았던 것으로 추측되는 이 아이에게 '흥수 아이'라는 이름을 붙였지. '흥수'는 유골을 발견한 사람의 이름이야.

처음 발견했을 때 아이의 유골은 평평한 돌 위에 놓여 있었는데, 그 위에 고운 흙이 뿌려져 있었어. 이를 통해, 구석기 시대 사람들도 죽은 사람의 몸을 함부로 대하지 않았다는 사실을 알 수 있지. 또 그 고운 흙을 조사해 보니 국화꽃 가루가 섞여 있었어. 오늘날에도 하얀 국화로 돌아가신 분의 사진을 장식하고, 무덤 앞에 하얀 국화를 바치기도 하잖아. 구석기 시대에도 죽은 사람 앞에 국화꽃을 바쳤다는 것이 놀랍지? 물론 홍수 아이나 그 부모가 국화꽃을 유난히 좋아해서 국화꽃을 놓았을 수도 있어. 하지만 아주 먼 옛날이라고만 생각했던 구석기 시대 사람들도 지금 우리와 비슷한 행동을 했다는 게 정말 신기하게 느껴져.

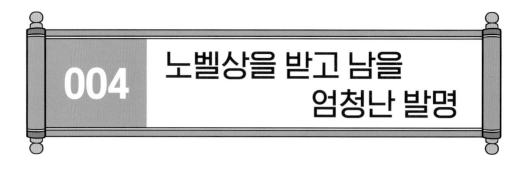

004 노벨상을 받고 남을 엄청난 발명

구석기 시대에는 주로 사냥을 하거나 먹을 수 있는 풀, 나무 열매, 뿌리 등을 찾아 먹었어. 그런데 짐승을 잡든 식물을 베거나 캐든 날카로운 도구가 필요했지. 그땐 도구라고는 돌밖에 없었잖아. 처음에는 뾰족하거나 날카로운 돌을 찾으러 다녔을 거야. 그러다 누군가 돌을 깨뜨리면 뾰족하게 만들 수 있다는 걸 생각해 냈겠지. 구석기 사람들은 돌을 깨서 날카롭고 뾰족하게 만든 도구를 쓰기 시작했어. 이렇게 만들어진 도구가 '뗀석기'야. 이 정도만 해도 대단한 발명이지.

그런데 돌을 깨뜨려서는 원하는 대로 모양을 만들기 쉽지 않아. 뾰족하게 만들기 위해 다른 단단한 돌로 두들기다 보면 아예 조각나 버리기도 하지. 그리고 깨지지 않는 단단한 돌은 사용할 수조차 없었단다. 이때, 생각대로 도구의 모양이 만들어지지 않는 걸 불편하게 여긴 또 어떤 사람이 멋진 아이디어를 내놓았어. 돌을 갈면 원하는 모양대로 도구를 만들 수 있다는 거지. 그때부터 사람들은 단단한 돌을 갈아서 도구를 만들기 시작했어. 이렇게 갈아서 만든 도구가 '간석기'란다. 뗀석기든 간석기든 이런 도구를 만들 생각을 처음 한 사람들은 엄청난 발명을 한 거야. 사람들의 삶을 크게 바꿔 놓았거든. 지금 같으면 노벨상을 열 개씩은 줘야 할 정도일 걸?

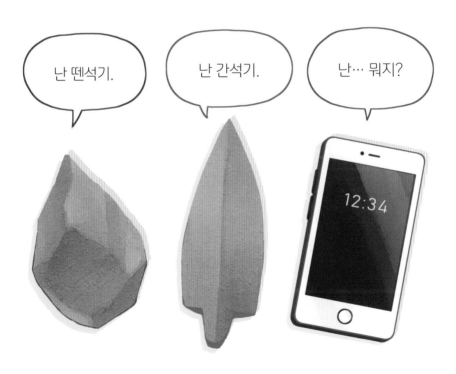

005 씨앗이 가져다준 행운

구석기 시대 사람들은 집도 없이 여기저기 돌아다니며 살았어. 사냥하기도 어렵고 먹을 것이 떨어지면 먹을 것을 찾아 다른 곳으로 가야 했거든. 그러니 집을 짓지 않고 동굴 같은 곳에서 살 수밖에 없었지. 한반도에 사람이 살기 시작한 건 지금으로부터 약 70만 년 전이야. 그런데 한 곳에 정착

하여 살기 시작한 것은 약 1만 년 전이니, 약 69만 년 동안의 구석기 시대 사람들은 떠돌아다니며 살았다고 봐야지.

그럼 약 1만 년 전에 어떤 일이 일어났느냐고? 간석기를 사용하는 신석기 시대가 시작됐단다. 신석기 시대부터 농사도 짓기 시작했고 한 곳에 머물러 살게 된 거지. 떠돌아다니던 사람들은 어느 날 우연히 땅에 떨어진 씨앗 근처에서 식물이 자라는 걸 발견했고, 씨앗을 심으면 원하는 식물을 키워 먹을 수 있다는 걸 알게 되었을 거야. 그런데 씨앗을 심어 그 식물이 열매를 맺을 때까지는 최소한 몇 달이 걸리잖아? 열매가 맺히기를 기다리며 한 곳에 살아야 했지. 농사는 이렇게 시작되었어. 더 이상 식량을 구하기 위해 돌아다닐 필요가 없어진 사람들은 한 곳에서 집을 짓고 머무르게 되었지.

006 농사는 석기로, 전쟁은 청동기로

청동기는 구리에 주석이나 아연을 섞어 만든 도구야. 이런 금속들을 녹여 대장간에서 도구를 만든 거지. 금속을 녹이고 틀에 붓는 방법으로 도구를 만드니, 돌을 깨거나 갈아서 만드는 것에 비해 훨씬 섬세하고 복잡한 모양을 만들 수 있었겠지? 그런데 청동기는 재료 값도 비싸고 만드는 과정도 간단

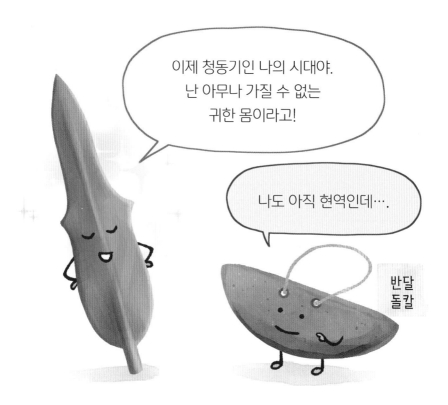

이제 청동기인 나의 시대야.
난 아무나 가질 수 없는
귀한 몸이라고!

나도 아직 현역인데….

반달
돌칼

치 않았어. 그래서 청동기를 가질 수 있는 사람은 많지 않았단다.

지금까지 남아 있는 청동기는 대부분 칼 같은 무기나 제사를 지낼 때 쓰는 도구, 장신구들이야. 이 물건들은 대개 부자나 권력을 가진 사람들이 썼던 것들이지. 청동기 시대에도 농사 도구나 보통 사람들의 살림 도구는 거의 간석기였어. 그런데 청동기 시대의 무기가 많이 발견된 것을 보면 그때 이미 이곳저곳에서 전쟁이 일어났던 것 같아. 사람들은 대체 무엇 때문에 그렇게 치열하게 전쟁을 했을까? 아마 땅을 빼앗고 노예를 많이 차지하기 위해서였을 거야.

인류 최초의 대장간은 지금으로부터 약 3000년 전에 생겨났다고 해.
그때부터를 청동기 시대라고 한단다.

007 고인돌은 어떻게 만들어졌을까?

　말 그대로 커다란 돌을 고여서 만든 고인돌은 옛날 사람들의 무덤이야.
고인돌 아래 묻힌 사람들은 부자나 권력자들이었어. 커다란 돌을 움직이려
면 많은 사람이 일을 해야 했고, 많은 사람을 부리려면 돈이나 권력이 필요
했던 거지.

　그런데 기중기 같은 도구도 없던 그 옛날, 어떻게 그 큰 돌을 받침돌 위에
얹었을까? 고인돌을 만들려면 먼저 땅을 깊이 파고 거기에 받침돌을 세워야
해. 그리고 받침돌이 보이지 않도록 주변을 모두 흙으로 메우지. 마치 낮은
동산처럼 말야. 그 다음, 받침돌이 묻힌 동산 위로 덮개돌을 끌어다 얹어. 돌
들은 통나무를 이용해 옮겼단다. 덮개돌을 얹은 후에는 주변의 흙을 파내서

받침돌이 드러나게 해. 그리고 받침돌 사이에 시신을 묻으면 고인돌이 완성되는 거야. 그때 사람들은 커다란 무덤을 만들어야 죽은 사람이 신에게 갈 수 있고, 후손에게 좋은 영향을 끼칠 수 있다고 믿었어. 또 권력을 가진 사람은 그 권력을 드러내고 싶어서 이런 힘든 일을 벌였다고 해.

99퍼센트가 모르는 역사 지식

강화도에 있는 고인돌의 무게는 덮개돌 하나만 해도 80톤이나 된다.
80톤은 몸무게가 100킬로그램인 사람 800명을 한데 모은 무게야.

2
고대 국가 시대

하늘이시여, 올해도 풍작을 이루게 해 주셔서 감사합니다!

너희가 열심히 농사지은 덕이지.

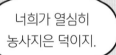

008 곰의 아들이 세운 나라

땅을 많이 차지하거나 계급이 높은 사람과 그렇지 못한 사람이 나뉘면서 국가라는 게 생겨났어. 똑똑하거나 힘이 센 사람이 왕 노릇을 하게 된 것이지. 한반도에 처음으로 세워진 나라는 고조선이야. 뭐라고? 단군 신화는 다 아는데 어떻게 곰이 여자가 되어 사람을 낳을 수 있는지 그건 믿을 수 없다고? 단군 신화가 글로 쓰인 건 그 일이 일어난 지 3000년도 지난 후야. 긴

시간 동안 입에서 입으로 전해 내려오며 내용이 많이 바뀌고 크게 부풀려지기도 했겠지. 사실은 곰이 아니라 곰을 섬기는 부족이 환웅의 부족과 함께 살게 되었고, 그중 한 여자가 하느님으로 떠받들어지는 환웅과 결혼하여 아이를 낳은 것이라고 볼 수 있어. 그 아이가 고조선을 세운 단군 왕검이지.

99퍼센트가 모르는 역사 지식

단군 왕검은 1800년을 살았다는데, 어떻게 된 일일까? 사실 단군 왕검은 사람 이름이 아니라 벼슬 이름이야. 1800년 동안 단군 왕검이라는 벼슬을 가진 사람들이 고조선을 다스렸다는 이야기가 전해 내려오며 바뀐 거지.

009 새로운 왕이 나타나다

통일 제국 진나라가 망하고 한나라가 세워질 때까지 중국은 큰 혼란에 휩싸였어. 그때 많은 사람이 한반도로 건너왔지. 위만도 이 무렵 자신이 거느리던 1000여 명의 사람과 함께 고조선에 망명해 왔어. 고조선의 준왕은 그에게 국경 지키는 일을 맡겼어. 하지만 위만은 세력을 키워 준왕을 몰아내고 왕이 되었지. 그렇게 위만 조선이 시작된 거야.

중국 역사책에는 위만이 '연나라 사람'이라고 기록되어 있어. 그래서 위만 조선을 중국인이 다스린 나라라고 주장하는 사람도 있지. 하지만 위만이 고 조선으로 올 때, '상투를 틀고 오랑캐의 복장을 했다'라고 해. 그 기록으로 보면 위만은 연나라 지역에 살던 동이족, 곧 고조선 인물이었던 것 같아. 머 리를 틀어 올려 상투를 만드는 건 우리 동이족의 풍습이거든. 위만은 고조 선의 왕이 된 후에도 '조선'이라는 나라 이름을 바꾸지 않았고, 고조선 사람 들의 지지를 받았다고 해. 이런 점으로 미루어 위만이 왕이 된 것은 고조선 안에서 권력자가 바뀐 것이라 볼 수 있지.

010 뭉치면 살고,
      흩어지면 죽는다

중국의 통일 제국 한나라는 한반도 남쪽의 진국과 무역하는 사이였어. 두 나라의 중간에 있던 고조선은 물건이 왔다 갔다 하는 것을 중계하며 이익을 얻어냈지. 그런데 직접 물건을 사고팔기 원하던 한나라는 이 점을 못마땅하게 생각했단다. 마침 고조선이 한나라의 적인 흉노와 손을 잡으려고 하니,

한나라는 긴장할 수밖에 없잖아. 한나라의 황제였던 무제는 섭하를 사신으로 보내 고조선의 우거왕을 복종시키려 했어. 우거왕이 거절하자 자기네 나라로 돌아가던 섭하가 고조선의 관리를 살해했지. 화가 난 우거왕이 자객을 보내 섭하를 죽이자, 한 무제는 군대를 보내 왕검성을 포위했어. 고조선은 1년 동안이나 저항했지만, 전쟁이 길어지자 내부의 지배층끼리 서로 싸우기 시작했단다.

"더 이상 견딜 수 없습니다. 항복합시다."

"아니, 죽더라도 끝까지 버텨야 합니다."

의견을 모으지 못한 고조선의 지배층은 각자 흩어지기 시작했어. 어떤 이는 사람들을 데리고 한반도 아래쪽에 있는 진국으로 내려갔고, 어떤 이는 왕검성을 나가 항복했지. 그 혼란 중에 우거왕은 자객에게 암살당했고, 결국 고조선은 멸망하고 말았어.

99퍼센트가 모르는 역사 지식

비록 멸망했지만 고조선은 부여, 고구려, 옥저, 동예 등 여러 새로운 나라의 기틀이 되었어.

동물 이름으로 나랏일을 하다

고대 국가 부여에는 '가'라는 부족장들이 있었어. 거기에 말, 소, 개, 돼지 등 가축의 이름을 붙여 마가, 우가, 구가, 저가 등으로 불렀지. 이런 이름이 붙은 걸 보면 부여에서는 가축 기르는 일을 무척 중요하게 여겼던 것 같아. '가'들은 부족장 회의를 통해 나랏일에 참여했어. 그들의 중심에는 왕이 있었지. '가'들이 평소 자신의 부족을 다스리는 데 왕의 참견을 받았던 건 아

니야. 하지만 전쟁이 일어나면 군사를 이끌고 왕을 중심으로 모여 함께 전쟁을 치렀지.

처음에는 왕도 부족장 회의를 통해 뽑았어. 부족장 '가'들의 힘은 왕을 바꿀 수 있을 정도로 셌던 거야. 그러다 점점 왕의 권력이 강해졌고, 나중에는 아들에게 왕위를 물려주게 되었어. 자연스럽게 '가'들의 세력은 점점 약해졌겠지?

99퍼센트가 모르는 역사 지식

왕은 종교 지도자인 제사장 역할도 했단다. 만약 날씨가 좋지 않아서 흉년이 들면 '가'들이 왕을 바꿀 수 있었고, 심하면 죽이기도 했대. 제사장으로서 능력이 부족하다고 생각해서였지.

012 법이 통하지 않는 땅

삼한은 한반도 남쪽에 세워졌던 마한, 변한, 진한을 통틀어 부르는 말이야. 삼한은 다른 고대 국가와는 다르게 일찍부터 정치와 종교가 나뉘어 있었어. 삼한을 다스리던 정치적 지도자는 신지, 읍차 등이었지. 종교 지도자

인 천군은 '소도'라는 특별한 지역에 살며 그곳을 다스렸어. 소도에는 큰 나무를 세우고 방울과 북 등을 달아서 신성한 곳임을 나타내기도 했지. 소도는 바깥 세상을 다스리는 법의 힘이 미치지 못하는 곳이야. 그래서 죄인이 소도로 도망치면 잡으러 들어갈 수 없었어.

오늘날에도 흔히 볼 수 있는 솟대가 이 소도라는 말에서 나왔다고도 해. 솟대의 맨 꼭대기는 새 모양으로 장식하는데, 이는 새를 인간 세상과 하늘을 연결해 주는 특별한 동물로 여겼기 때문이야. 솟대는 천군이 다스리는 신성한 땅 소도를 나타내는 표시였던 거지.

013 노래하고 춤추며 즐겨라!

한반도에 자리 잡은 한민족은 주로 농사를 지으며 살았어. 한 해 농사가 잘되어 먹을 것이 넉넉하면 그 이상 바랄 것이 없었지. 그래서 농사를 짓는 백성은 물론이고 나라 전체에서도 성공적인 농사를 위해 무척 애를 썼어. 부여에서는 흉년이 들면 왕이 쫓겨나거나 죽임을 당하기도 했으니 농사에

온 힘을 기울여야 했지.

농사는 여러 사람이 힘을 합해야 제대로 지을 수 있어. 그러니 농사로 얻은 곡식은 물론 풍년이 든 기쁨도 여러 사람이 함께 나누었지. 부여, 고구려, 삼한 등 고대 국가에서는 가을이면 곡식을 거둔 즐거움을 함께 나누고 하늘에 감사하는 축제를 열었어. 추수 감사제라고 할 수 있지. 부여는 영고, 고구려는 동맹, 삼한은 10월제라고 했어. 이때 백성들은 노래하고 춤추며 하늘에 감사하고 축제를 즐겼대. 노래하고 춤추며 즐기는 것은 우리 한민족의 아주 오래된 풍습이란다.

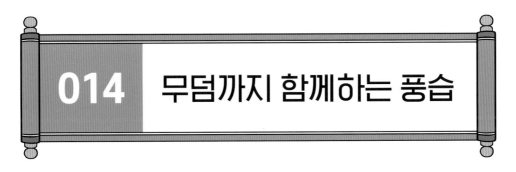

014 무덤까지 함께하는 풍습

고대 사람들은 죽은 후에도 이 세상에서처럼 살아간다고 생각했어. 그래서 무덤을 호화롭게 꾸미고 그 안에 무기, 식량, 장신구들을 넣어 두기도 했지. 심지어는 죽은 사람의 시중을 들게 하려고 산 사람을 무덤에 함께 묻기도 했어. 이런 장례 풍습을 '순장'이라고 해.

부여에서는 귀한 사람이 죽으면 다른 사람들을 죽여서 순장했는데, 수가 많을 때는 100명에 이르렀다고 해. 고구려에서는 동천왕이 죽자 신하들이 스스로 죽어 순장되려 한 적도 있어. 뒤를 이은 중천왕이 순장을 금지시켰

앞으로는 순장을 금한다!
산 사람은 살아야지.

내 무덤엔
나만 들어갈 거야.

중천왕

음에도 불구하고 장례날 스스로 목숨을 버린 자가 매우 많았다는 기록이 있지. 신라에서는 왕이 죽으면 남녀 각 다섯 명씩을 죽여서 순장을 했대. 신라에서 순장의 풍습은 지증왕 때까지 계속되었어.

99퍼센트가 모르는 역사 지식

주로 죽은 이가 사랑하던 사람, 부리던 노예 등이 순장되었지. 그런데 무사를 함께 묻은 경우도 있었다고 해.

삼국 시대

기원전 57년~668년

아니, 이 귀한 금덩이가
이렇게 잔뜩….

먹지도 못하는데
뭐가 귀한지는 모르겠지만,
그대가 원하면 다 가져오리다.

015 고구려를 만든 세 명의 왕

고구려 건국 신화는 세 임금에 대한 이야기야. 첫 왕은 갖은 고생을 다 겪고 졸본 땅에 고구려를 세운 동명성왕이야. 우리가 주몽이라 부르는 바로 그 사람이지. 동부여에서 태어난 주몽은 그곳에서 예씨 부인과 결혼했어. 그런데 예씨 부인이 뱃속에 아기를 가져서 먼 길을 함께 갈 수 없었단다. 그 후 태어난 주몽의 아들 유리는 다 자란 후에 고구려로 아버지를 찾아왔는데,

40

그가 바로 유리왕이야. 유리왕은 국내성으로 수도를 옮기는 등 고구려의 기틀을 잡는 데 많은 공을 세웠어.

고구려 건국 신화의 마지막 왕은 유리왕의 아들 대무신왕이야. 그는 고구려 역사에서 가장 용감한 왕으로 평가되고, 신으로 여겨질 만큼 존경받았지. 대무신왕 이후의 왕들에게서는 앞에 등장한 세 왕만큼의 위대한 점을 찾기 어려웠단다. 그래서 대무신왕에서 고구려 건국 신화 시대가 끝났다고 볼 수 있어.

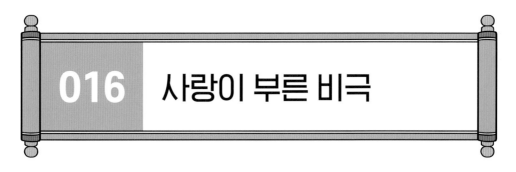

016 사랑이 부른 비극

고구려의 호동 왕자는 대무신왕의 아들이었어. 호동 왕자에 관련된 슬픈 전설이 있는데, 들어 볼래? 호동 왕자가 마음에 들었던 낙랑의 왕 최리는 왕자를 자신의 나라로 데려가 사위로 삼았어. 호동 왕자는 낙랑에 살다가 고구려로 돌아왔지. 고구려는 낙랑을 점령하려 했지만 번번이 실패했단다. 낙랑에는 적이 쳐들어오면 저절로 울리는 북과 나팔이 있어서 미리 준비할 수 있었기 때문이야. 호동 왕자는 낙랑 공주에게 남몰래 편지를 보냈어.

"그대가 무기고에 들어가 북을 찢고 나팔을 부수면 내가 예를 갖추어 그대를 아내로 맞이하겠소."

　호동 왕자를 사랑했던 낙랑 공주는 무기고에 들어가 스스로 우는 북을 찢고 뿔 나팔을 모두 부쉈어. 그리고 그 사실을 호동 왕자에게 알렸지. 이후 고구려는 바로 낙랑을 습격했지만 북과 나팔은 정말로 울지 않았어. 그래서 미처 준비하지 못한 낙랑은 어쩔 수 없이 고구려에 당하고 말았단다. 뒤늦게 공주가 저지른 짓을 알게 된 낙랑의 왕은 딸을 죽이고 나와 항복했대. 저절로 우는 북과 나팔이라니 믿기 어려운 이야기지? 하지만 호동 왕자는 고구려에 살았던 실제 인물이야.

백제는 중국 대륙을 다스렸을까?

우리 백제가 이렇게 잘나갔었다고!

대륙 백제

백제가 대륙을 다스렸다는 기록은 중국 역사책 여러 곳에서 발견할 수 있어. 온조가 세웠다는 도읍 위례성이 한반도 서울 근처가 아닌 중국 랴오시 지방에 있었다고 주장하는 학자들도 있지. 문헌에 나오는 '하남 위례성'에서 '하'는 한강이 아니라 랴오시의 랴오허라는 강이라는 거야. 백제가 랴오허의 서쪽인 랴오시는 물론 베이징이나 상하이 근처까지 세력을 넓혀갔다고 보는 거지.

그러나 우리나라의 많은 학자는 대륙 백제를 인정하지 않아. 대륙 백제를 인정하지 않는 가장 큰 이유는 두 가지야. 첫째는 《삼국사기》나 랴오시에 있던 나라들의 사료에 대륙 백제의 이야기가 나오지 않는다는 거지. 그런데 《삼국사기》를 지은 김부식은 신라 왕족의 후손으로, 신라에 의해 패망한 백제를 대륙까지 아우른 큰 나라로 적었을 리 없어. 둘째는 '진나라 때 선비족이 랴오시를 차지했다'라는 기록이 있기 때문이래. 하지만 백제 땅이었다는 얘기나 선비족 땅이었다는 얘기나 확실하지 않기는 마찬가지야.

기록들에서 어느 것이 맞다는 확실한 증거를 찾을 수 없다면 팔이 안으로 굽을 수밖에 없겠지? 그래서 이 책에서는 대륙 백제가 존재했다는 가능성을 열어 둘 거야. 우리 민족의 국가가 대륙까지 지배했다는 상상만으로도 가슴 벅차기 때문이지.

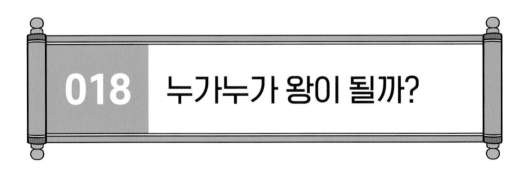

018 누가누가 왕이 될까?

신라에서는 왕을 부르는 말이 아주 다양했는데 거서간, 차차웅, 이사금, 마립간, 왕의 순서로 바뀌었대. 거서간은 귀한 사람이라는 뜻이고, 차차웅은 하늘에 제사를 지내는 제사장을 일컬었지. 고대 국가에서는 한 사람이

아~

유리께선 이가
아주 좋으시군요.

떡
↓

머리숱 많은 사람이
왕이 되는 걸로 할 걸….

정치 지도자와 종교 지도자를 겸했거든. 또 마립간은 높은 자리 혹은 그 자리에 앉은 사람을 말한단다.

임금이라는 말은 이사금으로부터 나왔다고 해. 이사금은 '잇금'에서 비롯되었지. 떡을 깨물어 난 치아의 흔적을 잇금이라고 하는데, 여기에 재미있는 사연이 있어. 신라 유리왕과 탈해왕이 서로 왕 자리에 오르기를 사양하다가 치아가 많은 사람, 즉 나이가 많은 사람이 왕이 되기로 정했대. 떡을 물어 치아의 개수가 더 많았던 유리왕이 먼저 왕이 되었다고 하지. 떡에 생긴 치아 자국으로 왕을 정했다는 게 참 재미있지?

019 저의 목을 베십시오!

불교의 정착을 위해
저의 목을 베십시오.

꼭 그래야 하느냐?
사약이 더 편할 텐데….

법흥왕

이차돈

꼭 목을 베셔야
합니다!

신라의 법흥왕은 불교를 믿으면 백성들이 편하고 풍요롭게 살 수 있을 것이라 생각했어. 그런데 신하들은 불교를 들여오는 일에 반대했어. 외국에서 시작된 불교는 신라에 맞지 않는다고 생각했기 때문이야. 이차돈은 법흥왕이 불교를 들여올 수 있도록 돕기로 했지.

"저의 목을 베어 신라 백성들이 불교를 믿도록 하십시오."

법흥왕은 신하들의 반대를 무릅쓰고 절을 지으라고 했어. 그리고는 신하들을 불러서 꾸짖었단다.

"내가 절을 지으라고 명령했는데, 누가 이를 늦어지게 하는가?"

신하들은 두려워하며 왕의 명령을 어긴 적이 없다고 저마다 변명했어. 그때 법흥왕은 이차돈을 불러 꾸짖고 그를 처형하라고 했지. 이차돈은 처형당하기 직전에 이렇게 말했어.

"만일 부처가 있다면 내가 죽은 뒤 반드시 이상한 일이 생길 것이다!"

형리가 이차돈의 목을 베자, 목에서 흰 젖이 솟아오르는 '이상한 일'이 벌어졌어. 그리고 하늘이 어두워지고 땅이 울리더니 꽃비가 내렸다고 해. 이 모습을 본 신하들은 더 이상 절을 짓는 일에 반대할 수 없었어. 이차돈의 희생으로 신라도 불교를 받아들이게 된 거야.

대야성은 백제에서 신라 서라벌로 가는 길목을 지키는 아주 중요한 군사

기지였어. 그래서 당시 신라의 권력자였던 김춘추는 자신의 사위 김품석에

게 대야성을 맡겼지. 그런데 백제가 쳐들어가자 성주 김품석은 아내와 자식

들을 데리고 나와 항복하고 말았어. 대개 항복한 사람은 죽이지 않는데, 백

제 장수 윤충은 김품석은 물론 그 처자식까지 모두 목을 베었대. 김춘추는 이 사건으로 백제에 이를 갈게 되었어. 딸의 복수를 위해 수단과 방법을 가리지 않겠다는 각오를 한 거야.

신라는 복수전을 위해 다른 나라와의 연합을 꿈꾸기 시작했어. 가장 먼저 손을 내민 곳이 고구려였지. 그런데 고구려의 연개소문은 신라가 차지한 고구려의 옛 땅을 돌려줘야 도와줄 수 있다고 했어. 김춘추가 거절하자 연개소문은 김춘추를 가둬 버렸지. 김춘추는 《토끼전》의 토끼가 용왕을 속이듯 일단 자기를 풀어 주면 요구를 들어주겠다고 연개소문에게 거짓말을 했어. 그렇게 겨우 풀려난 김춘추의 신라는 나중에 고구려를 망하게 했지.

021 고구려 남자들은 치마를 입었다?

무용총은 고구려 시대의 무덤이야. 무용총의 벽과 천장에는 여러 가지 그림이 그려져 있지. 그림을 통해 고구려 사람들의 옷차림, 그들이 소중히 여겼던 상징, 손님을 맞이하는 모습, 춤추는 모습, 사냥하는 모습 등을 알 수 있어. 고구려 사람들이 어떤 모습으로 어떻게 살았는지 보여 주는 아주 소중한 자료란다.

벽화에 나타나 있는 고구려 사람들은 남녀 할 것 없이 주로 저고리와 바지

고구려의 아이돌 그룹 같아.

를 입고 있어. 저고리는 엉덩이를 덮을 정도로 길었지. 여자들은 바지도 입
었지만 주름 치마를 즐겨 입었어. 그런데 고구려에서는 남자도 치마를 입었
대. 치마 입은 남자는 무용총 중 손님을 맞이하는 그림에서 볼 수 있지. 고
구려 사람들은 여러 가지 색과 무늬를 넣은 옷을 만들어 입었는데, 그중 물
방울무늬 옷이 가장 인기가 좋았단다.

99퍼센트가 모르는 역사 지식

고구려에서는 신분이 귀할수록 긴 치마를 입었대. 그래서 치마 길이로
신분을 구별할 수 있었지.

022 수나라 군대는 거지떼?

　수나라의 양제는 고구려에 신하로서의 예를 갖추기를 끊임없이 요구하며 협박도 했어. 그러나 고구려의 영양왕은 답변은커녕 눈 하나 깜짝하지 않았대. 심지어 수나라 사신이 신라와 백제로 다니는 길조차 막아 버렸어. 약이 올라 견딜 수 없었던 수양제는 611년, 직접 고구려 침공에 나섰지.

이때 수양제가 동원한 군사의 수는 113만 3800명이나 되었어. 보급 부대까지 합하면 약 300~400만 명이 되는 대군이었지. 이들은 출발하는 데만도 40일이 걸렸대. 큰 규모의 군대가 전쟁에 나설 때 가장 문제가 되는 것은 바로 '식량'이야. 수나라는 사람과 말에게 각 100일 분의 식량과 함께 갑옷, 짧은 창, 긴 창, 옷가지, 전투 기자재 등을 나눠 주었어. 그런데 그 무게가 사람마다 200킬로그램이 넘었대. "곡식을 버리는 자는 죽일 것이다"라고 엄포를 놓았지만, 군사들은 몰래 구덩이를 파고 쌀을 묻어 버렸어. 그래서 겨우 중간쯤 왔을 때 이미 군량이 다 떨어졌지. 이런 상황에서 군사들이 어떻게 사기를 올릴 수 있었겠어? 머릿수만 늘려 100만 대군이지, 수나라 군사들은 굶주린 거지떼에 지나지 않았던 거야.

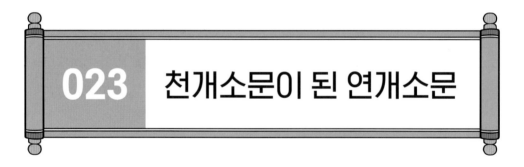

023 천개소문이 된 연개소문

우리나라에 남아 있는 가장 오래된 역사책, 《삼국사기》에는 연개소문이 나쁘게 평가되어 있어. 이 책을 쓴 김부식이 신라 왕족의 후손이기 때문이 아닐까 싶어. 김부식은 연개소문의 성까지 바꿔 버렸어. 연 씨가 아니라 천 씨라고 말야. 옛날에는 높은 사람의 이름에 쓰인 글자를 함부로 사용하지 않는 풍습이 있었는데, 그 시기 당나라 황제의 이름에 연 자가 들어 있었던

거야. 그런데 김부식은 연 자를 피한 중국의 기록을 그대로 베껴,《삼국사기》에도 '천개소문'으로 써 놓았단다.

　연개소문은 고구려의 영류왕이 당나라와 친하게 지내는 데 반대했어. 신라나 백제보다는 당나라가 더 큰 적이 될 것을 내다봤던 거지. 연개소문은 신라, 백제와 힘을 합해 당나라와 싸우자고 왕에게 말했어. 하지만 영류왕과 그를 따르는 신하들은 이 말에 귀를 기울이지 않았지. 신라의 김춘추가 백제의 침략으로 딸을 잃고 원수를 갚고자 고구려에 와서 구원을 청할 때에도 연개소문은 이렇게 제의했어.

"사사로운 원한은 잊고 삼국이 연합하여 당나라를 칩시다."

하지만 백제에게 원수를 갚을 궁리만 하던 김춘추는 이를 제대로 듣지 않았다고 해.

당나라의 태종이 군사를 이끌고 고구려에 쳐들어왔을 때의 얘기야. 평양으로 통하는 길목을 지키는, 아주 중요한 안시성이 당나라군에게 포위되었지. 당 태종은 성안을 향하여 소리쳤어.

"항복하지 않으면 성이 함락되는 날 안시성 남자들을 모두 구덩이에 묻어 버리겠다!"

그러자 안시성 성주가 되받아 외쳤지.

"너희가 항복하지 않으면 우리가 성에서 나가는 날 모조리 죽일 것이다!"

당 태종은 성안의 사람들을 굶어 죽게 만들려고 했어. 하지만 오히려 자신들의 식량이 먼저 바닥을 보였지. 게다가 날씨까지 추워지고 있었어. 가을이 되어 풀이 마르면 소나 말, 양들을 먹일 수가 없어 큰 문제가 생긴단다.

마음이 급해진 당 태종은 60일에 걸쳐 성 밖에 흙산을 쌓았어. 그리고 흙산 위에서 성을 공격하여 성벽 일부를 무너뜨렸지. 그러자 안시성의 결사대는 무너진 성벽으로 느닷없이 달려나가 흙산을 점령해 버렸어. 흙산이 오히려 고구려군의 고지가 된 거야. 흙산을 잃은 당나라 군대의 사기는 완전히 땅에 떨어졌지. 결국 당 태종은 5개월 동안의 포위를 풀고 후퇴하기로 결정했어.

99퍼센트가 모르는 역사 지식

당 태종이 이끌고 온 군사의 수는 무려 30만 명이었다고 해.

선화 공주는 진짜 공주였을까?

아니, 이 귀한 금덩이가
이렇게 잔뜩…!

먹지도 못하는데
뭐가 귀한지는 모르겠지만,
그대가 원하면 다 가져오리다.

선화 공주는 신라 진평왕의 셋째 딸이라고 전해져. 백제 사람이었던 '마 캐는 아이' 서동은 선화 공주를 아내로 맞이하고 싶어서 신라로 와서 노래 를 퍼트렸어.

선화 공주님은 서동과 남몰래 사귀어 밤에 서동 방에 몰래 찾아간다.

이 노래를 들은 진평왕은 화가 나서 공주를 유배지로 보냈지. 공주가 길을 떠날 때 어머니인 왕비가 순금을 한 보따리 주었대. 그런데 유배지로 가던 도중에 서동이 나타나 자신이 공주를 모시겠다고 했어. 그렇게 해서 두 사람은 백제로 가서 함께 살았다는 거야.

어느 날, 공주가 서동에게 금을 내주며 장을 봐 오라고 하자 서동이 그게 뭐냐고 물었어. 귀한 물건이라는 설명을 들은 서동은 이렇게 말했지.

"내가 어려서부터 마를 캐던 곳에 이런 것이 많이 쌓여 있소."

두 사람은 산더미처럼 쌓여 있던 금을 가져다 진평왕에게 보냈어. 진평왕은 그제서야 서동을 사위로 인정했지. 원래 백제의 왕자였던 서동은 이후에 왕이 되었는데, 그가 바로 무왕이야.

그런데 한편으로는 선화 공주가 사실 신라의 공주가 아니었다는 이야기도 있어. 당시 신라와 백제는 서로 왕자와 공주를 결혼시킬 정도로 가까운 사이가 아니었거든. 아마 선화 공주는 백제에서 유력한 집안의 딸이고, 서동이 그 집안의 도움으로 왕이 된 것이 이렇게 전해진 것 같아.

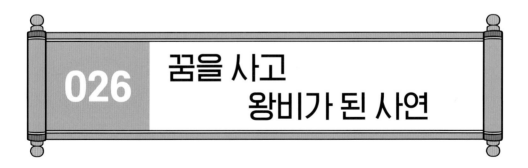

026 꿈을 사고 왕비가 된 사연

김유신에게는 보희와 문희라는 두 명의 여동생이 있었어. 어느 날 첫째 여

동생 보희가 꿈을 꾸었는데, 산꼭대기에 올라가 소변을 보니 그 소변이 신라의 서울인 경주 안에 가득 찼다는 거야. 보희는 이상한 꿈이라며 동생 문희에게 꿈 이야기를 했어. 하지만 문희는 그 꿈이 뭔가 좋은 일이 생길 꿈이라 생각했지. 그래서 언니에게 비단 치마를 주고 꿈을 샀어.

얼마 후 김유신은 신라 왕족인 김춘추를 집으로 초대했어. 두 사람은 공을 차고 놀았는데 김유신은 일부러 김춘추의 옷고름을 밟아 뜯어지게 했어. 그리고는 여동생 보희를 불러서 김춘추의 옷고름을 꿰매 주라고 했지. 그런데 보희가 부끄럽다며 김춘추 앞에 나오지 않았어. 그래서 김유신은 둘째 여동생 문희를 불러 김춘추의 옷고름을 꿰매게 했지. 김춘추는 김유신이 무슨 생각으로 여동생을 소개했는지 눈치챘어. 그래서 김춘추는 문희와 사귀었지.

사실 김춘추는 그때 보량이라는 여자와 이미 결혼한 사람이었어. 신라 시대에는 남편 한 명이 여러 명의 아내를 얻을 수 있었지. 하지만 보량이 질투하여 문희를 미워할까 봐 김춘추는 문희와 사귄다는 이야기를 꺼내지 못했어. 그래서 문희와 비밀스럽게 만날 수밖에 없었지. 그러다가 문희가 김춘추의 아이를 가진 거야. 잘못하면 문희가 아이를 낳아도 아버지가 누구인지 밝히지 못할 수도 있었지. 그래서 김유신은 이 문제를 해결하기 위해 꾀를 냈어.

어느 날 선덕여왕과 김춘추가 남산으로 나들이를 나섰어. 김유신은 일부러 그날을 택해 마당에 장작을 쌓아놓고 남산에서도 보이도록 연기를 피웠지. 연기를 본 선덕여왕은 사람을 시켜 무슨 일인지 알아보라고 했어. 동네 사람들은 김유신이 동생 문희를 태워 죽이려고 불을 피웠다고 이야기했어. 문희가 아버지를 모르는 아이를 가져서 용서할 수 없다고 했다는 거야. 사실 김유신은 이미 여러 사람에게 소문을 내놓았던 거지.

선덕여왕이 깜짝 놀라 어찌된 셈이냐고 물으니 곁에 있던 김춘추가 문희와의 이야기를 솔직하게 털어놓았어. 선덕여왕은 당장 가서 문희를 구하고 아내로 삼으라고 김춘추에게 명령했지. 여왕까지 알게 된 일이니 김춘추의 부인 보량도 아무 말 못하고 문희를 받아들였어. 시간이 흐른 뒤, 김춘추는 신라의 왕이 되었고 문희는 왕비가 되었지. 문희가 보희에게 산 꿈은 왕비가 되는 꿈이었던 모양이지? 이렇게 가족이 된 김유신과 김춘추는 힘을 합해 삼국을 통일할 수 있었어.

027 좋은 이야기만 듣고 싶어

《삼국사기》에는 백제가 망하기 전 다음과 같은 일이 있었다고 적혀 있어.

660년 6월, 웬 귀신 하나가 궁궐에 들어와서 큰 소리로

"백제가 망한다! 백제가 망한다!"라고 외치고는 땅으로 들어가 버렸다.

왕이 땅을 파보게 하니 깊이 3척(약 1미터)쯤 되는 곳에 거북 한 마리가 있었는데

그 등에 '백제는 둥근 달과 같고 신라는 초승달과 같다'라는 글씨가 있었다.

왕이 무당에게 그 뜻을 물으니 무당이 이렇게 대답하였다.

"둥근 달 같다는 것은 가득 찬 것이니 이지러질 것이라는 이야기이고,

초승달과 같다는 것은 아직 차지 않았으니 점점 차게 될 것이라는 이야기입니다."

이에 왕이 화가 나 무당을 죽였다. 그러자 다른 이가 말했다.

"둥근 달과 같다는 것은 왕성한 것이요, 초승달과 같다는 것은 미약한 것이니

백제는 왕성해지고 신라는 점차 쇠약해지나 봅니다."

이 이야기를 들은 왕은 기뻐하였다.

물론 실제로 이런 일이 일어났다고 보기는 어려워. 그러나 이런 이야기들은 그 사회의 불안한 분위기를 상징적으로 나타내고 있어. 사회가 불안하고 근심이 많아지면 유언비어도 많아지거든. 또 의자왕은 듣기 싫은 이야기를 들었을 때, 스스로를 돌아보고 조심하며 앞날에 대비하는 것이 아니라 이야기 자체를 부인했지. 의자왕이 쓴소리를 하는 충신은 멀리하고 듣기 좋은 말을 해 주는 간신의 말만 들었음을 보여 주는 이야기야.

나라를 구한 열여섯 살 소년

　백제가 신라와 마지막으로 크게 싸운 곳은 황산벌이었어. 계백 장군이 거느리는 백제 군사는 5000명이었고 김유신 장군이 이끄는 신라군은 5만 명이었지. 그런데 신라군은 백제군을 쉽게 이기지 못했어. 아군의 수가 더 많다고 열심히 싸우지 않아서였겠지? 게다가 백제군은 정말 죽기를 각오하고 나선 병사들이었거든.

열 배나 많은 군사로도 적을 이기지 못한 신라군의 사기는 점점 더 떨어졌어. 그때, 관창이라는 신라의 화랑이 앞으로 나섰지. 관창의 나이는 고작 열여섯 살이었어. 훈련을 받았다고 해도 열여섯 살 소년에게 전쟁터는 정말 무서운 곳이지. 창을 들고 나선 관창은 적에게 사로잡히고 말았어. 처음 잡혀 온 관창을 본 계백 장군은 그의 용맹함을 기특하게 여겨 살려서 돌려보냈지. 그런데 관창은 물 한 모금만 마시고 다시 적진으로 간 거야. 계백은 다시 붙잡혀 온 관창의 목을 베고, 말 안장에 시신을 매달아 신라군 본부로 보냈지.

관창의 시신을 본 신라군의 분노는 하늘을 찌를 듯 솟구쳤어. 신라군 5만 명이 모두 결사대로 변한 셈이야. 양쪽이 다 죽기 살기로 싸운다면 아무래도 수가 많은 쪽이 이기겠지? 결국 신라는 황산벌 전투에서 크게 이겼단다. 소년 관창이 나라를 구한 거야.

029 복신의 어리석은 선택

복신은 백제 부흥 운동을 벌이며 왜에 지원군을 요청했어. 왜에 가 있던 의자왕의 아들 부여풍이 돌아오면 백제의 왕으로 추대하겠다고 했지. 663년, 400여 척의 배와 2만 7000명의 군사를 거느린 대함대가 백제를 도우러

왔어. 부흥군은 사기가 올랐고 신라와 당나라 군대의 통로를 끊기도 했지.
그런데 백제 부흥군 내부에서 싸움이 생겼어. 복신은 부흥에 성공할 경우,
주도권이 부여풍에게 돌아갈 것이 두려웠지. 그래서 왜의 지원군이 사비성
쪽으로 들어오는 것을 막았어.

그러는 동안 당나라군은 힘을 되찾았어. 더 이상 참을 수 없었던 부여풍은
복신을 죽였지. 그런데 신라군의 공격으로 부흥군의 근거지인 주류성이 위
기에 빠지고 말았어. 왜군은 주류성을 구해 보고자 백강 입구로 향했지. 그
런데 그곳에는 당나라 수군이 기다리고 있었어. 이곳에서 왜군은 당나라 군

대에 크게 패했지. 왜선 400여 척이 불타 그 연기가 하늘을 덮고 강물은 핏빛으로 물들었어. 결국 주류성은 당나라의 손으로 넘어갔지. 이때 백제 사람들은 "주류가 항복하였으니 이 일을 어찌할 수 없다. 백제의 이름은 오늘로 끊겼다"라고 한탄했다고 해.

030 하늘에서 떨어진 황금알

'가야'라는 나라가 만들어지기 전 어느 날이었어. 백성들이 구지봉이라는 산봉우리에 모여 있는데 하늘에서 소리가 났지.

"여기 사람이 있느냐?"

"우리가 여기 있습니다."

백성들이 대답하니 하늘에서 다시 말했어.

"이곳에 와서 나라를 세우고 임금이 되라고 하늘이 명하셔서 내가 왔다. 너희는 산봉우리에서 흙을 파면서 '거북아, 거북아, 머리를 내밀어라. 만약에 내밀지 않으면 구워 먹으리'라고 노래하고 춤추며 나를 환영하라."

백성들은 하늘이 시키는 대로 했지. 그랬더니 하늘에서 여섯 개의 알이 든 황금 상자가 내려왔어. 알에서는 잘생긴 사내 아이들이 나왔는데, 그중 가장 먼저 나온 사람이 김수로야. 백성들은 김수로를 대가야의 왕으로 모셨지.

99퍼센트가 모르는 역사 지식

수로왕의 부인은 인도의 아유타 공주야. 우리나라식 이름은 허황옥인데, 무려 열 명의 왕자를 낳았대. 경상남도 김해에 가면 허황옥 왕비가 인도에서 가져왔다는 탑을 볼 수 있단다.

4

남북국 시대와
후삼국 시대

7세기 후반~936년

031 바다의 용이 되어 나라를 지키리라!

신라 문무왕은 태종 무열왕(김춘추)과 김유신의 여동생 문희 사이에서 태어났어. 많은 사람이 신라의 통일은 무열왕 때 이루어졌다고 알고 있지. 하지만 무열왕은 삼국 통일 작업을 시작한 사람이고, 그 마무리는 문무왕 때 이뤄졌어. 문무왕은 21년 동안 왕 자리에 있었는데 그동안 백제 부흥군, 고구려, 당나라와 계속 싸워야 했지.

문무왕은 김유신 등과 함께 주류성을 공격하여 백제의 부흥군을 완전히 물리쳤어. 또 당나라군과 함께 평양성을 끈질기게 공격하여 고구려 보장왕의 항복을 받아냈지. 이렇게 신라, 백제, 고구려가 하나의 나라로 통일되고 전쟁이 끝나는 듯했어.

그런데 당나라가 신라까지 자기네 땅으로 삼으려 한 거야. 전쟁을 시작할 때 당나라는 태종 무열왕에게 고구려를 멸망시킨 뒤 평양 아래 땅을 신라에 주기로 약속했어. 하지만 사실 당나라는 처음부터 삼국 전체를 자기들이 차지할 욕심으로 신라를 도왔던 거야. 한때의 동지가 적이 된다고, 신라는 당나라를 몰아내기 위한 새로운 전쟁을 시작해야 했지.

백제가 멸망한 후, 그 땅은 당나라가 관청을 만들어 점령하고 있었어. 신라는 백제 땅의 일부를 공격하여 빼앗고 그곳의 주민들을 신라 땅으로 옮겼지. 이 과정에서 당나라 군대와 여러 차례 싸웠는데, 석성 전투에서는 죽지라는 신라 장수가 당나라 군사 3500명을 물리치기도 했대. 이때 설인귀라는 당나라 장수가 신라를 나무라는 편지를 보냈지. 그래서 문무왕은 당나라가 태종 무열왕과 했던 약속을 기억하라며 신라의 잘못은 없다고 주장했어. 문무왕은 당나라 군대와 전쟁을 하면서 한편으로는 사신을 보내 달래는 정책을 썼지. 하지만 당나라는 문무왕의 동생 김인문을 신라의 왕으로 임명하는 등 멋대로 행동했단다.

문무왕과 김유신은 당나라 군대와 치열하게 싸워야 했지. 그러다 당나라 내부에 정치적인 문제가 생겼어. 다른 나라와 전쟁을 계속할 만한 상황이 아니었기에, 당나라 군대는 물러가고 신라는 비로소 한반도를 통일할

수 있었어. 아쉽게도 고구려의 넓은 땅은 대부분 잃었지만 말이야. 문무왕
은 죽기 전에 "동해 가운데 있는 큰 바위에 나의 장사를 지내달라"라고 유
언을 남겼대. 바다의 용이 되어 외부의 적으로부터 나라를 지키겠다는 뜻
이었지. 그래서 사람들은 문무왕의 시신을 화장하여 경주 앞바다에 떠 있
는 바위에 모셨대. 그 바위를 대왕암이라고 해.

032 적을 물리치는
대나무 피리

　태종 무열왕 때 시작된 삼국 통일은 그 아들인 문무왕 때에야 비로소 완
성되었어. 백성들은 오랜 전쟁에 지쳤고, 농사를 지어야 할 땅은 엉망이 되
었지. 마침내 문무왕의 아들 신문왕 때에는 드디어 완전히 평화로운 세상
이 이루어졌어. 만파식적은 그런 안정과 평화의 상징이란다.
　만파식적은 바다의 용이 신문왕에게 바친 대나무로 만들었다고 해. 이
대나무 피리를 불면 적군이 물러가고, 가뭄이 들었을 때는 비가 왔대. 또
바람과 파도도 잦아들게 했다는 거야. 그래서 이름이 '모든 파도를 사라지
게 하는 피리'라는 뜻의 만파식적이야. 한마디로 이 피리를 불면 나라가 어
려움 없이 평안해진다는 거지. 이 피리는 문무왕과 김유신 장군의 영혼이
신라 사람들에게 보내 준 선물이라고 해.

만파식적은 통일신라가
비로소 평화로운 나라가
되었다는 상징!

신문왕

033 백성들에게
불교를 알리다

신라의 스님이었던 원효는 당나라로 유학을 가던 중, 굴에서 하룻밤을 지
내게 되었어. 새벽에 목이 말라 잠에서 깬 그는 주변에 있는 바가지에 담긴
물을 시원하게 마셨지. 그런데 아침에 일어나 보니 그 굴은 무덤이었고, 바

가지는 해골이었어. 그는 구역질을 하면서 큰 뜻을 깨달았지. 모든 것은 마음가짐에 달려 있다는 거야.

신라로 돌아온 원효는 시장과 거리에서 노래도 부르고 바가지를 두들기며 돌아다녔지. 사람들은 그런 원효를 미친 사람으로 여겼어. 하지만 원효 덕분에 귀족의 종교였던 불교가 보통 사람들 사이에도 쉽게 전파되었단다. 그러던 어느 날, 원효가 이런 노래를 부르면서 돌아다녔대.

"누가 자루 빠진 도끼를 빌려주면 내가 하늘을 받칠 기둥을 다듬겠노라."

이 소문을 들은 태종 무열왕은 원효를 요석 공주의 궁으로 불러들였어. 원효의 노래를 '귀한 사람을 만나 아들을 낳겠다'라는 뜻으로 풀이했기 때문이란다.

원효와 요석 공주 사이에 태어난 아들이 바로 신라의 뛰어난 학자 설 총이야.

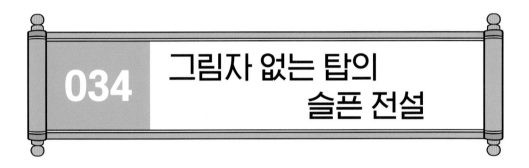

034

그림자 없는 탑의 슬픈 전설

경주 불국사에 있는 석가탑의 다른 이름은 무영탑이야. 그림자 없는 탑이라는 뜻이지. 이 이름에는 전설이 있어. 석가탑을 지은 아사달은 백제 출신의 솜씨 좋은 석공이었대. 아사달이 보고 싶었던 아내 아사녀는 남편이 있는 신라의 수도, 경주로 왔어. 하지만 한창 공사 중이라 남편을 만날 수 없었지. 안타까워하는 아사녀에게 불국사의 스님이 말해주었어.

"이 연못가에서 기도하며 기다리세요. 남편이 쌓고 있는 탑이 완성되면 연못에 그림자가 비칠 텐데, 그때쯤 남편을 만날 수 있을 것입니다."

아사녀는 날마다 연못가에 나와 기도했어. 하지만 여러 날이 지나도 탑의 그림자는 보이지 않았지. 몸과 마음이 지쳐 버린 아사녀는 연못에 스스로 몸을 던졌대. 이 전설과 함께 석가탑은 그림자 없는 탑으로 불리게 된 거야.

99퍼센트가 모르는 역사 지식

석가탑의 2층에서는 엄청난 문화재가 발견되었어. 바로 목판에 불경을 새겨 종이에 찍어낸 '무구정광대다라니경'이지. 세계에서 가장 오래된 불경 인쇄본이라고 하니, 정말 놀라운 일이지?

035 신라에는 아랍 상인이 살았다?

헌강왕 때의 신라는, 경주는 물론 시골에 이르기까지 주택과 담장이 줄지어 있었고 초가집은 한 채도 없었을 정도로 풍요로웠대. 설화에 따르면, 동해에 사는 용의 일곱 아들 중 한 명이 경주에 들어와 왕이 나라 다스리는 일을 도왔는데, 그가 바로 처용이라고 전해져. 어느 날 처용이 밖에서 놀다

가 밤늦게 집에 들어와 보니 아내의 발만 보여야 할 이부자리 아래로 또 다른 발이 보였대. 그런데 그 다리는 다른 남자의 것이 아니라, 역병을 옮기는 귀신의 것이었다지. 하지만 귀신은 넓은 마음을 가진 처용을 두려워하며 도망쳤다고 해.

그런데 처용이 아라비아 상인이 아닐까 추측하는 사람들도 있어. 배를 타고 바다에서 들어오는 이방인을 용왕의 아들로 봤을 것이라는 얘기지. 먼 외국과 무역을 할 수 있었고, 잠시 방문했던 외국 상인이 아내까지 얻어 눌러 살았다는 점은 당시 신라가 살기 좋은 나라였음을 말해 줘. 물론 세상이 평안해야 밤늦게 놀러 다닐 수 있겠지?

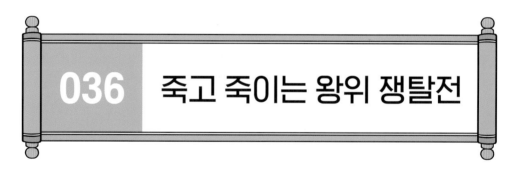

036 죽고 죽이는 왕위 쟁탈전

1000년이나 이어졌던 신라의 역사는 세 시기로 나누어 볼 수 있어. 삼국 통일 이전까지는 상대, 그 이후 신라의 전성기를 이루던 때를 중대, 신라가 멸망해 가는 시기를 하대라고 해. 하대 150년 동안 왕이 된 사람은 스무 명이나 돼. 그중 여섯 명은 반란을 일으켜 왕이 되었고, 다섯 명은 왕 자리에 있다가 죽임을 당했지.

제38대 왕인 원성왕은 어처구니없는 방법으로 왕 자리를 차지했어. 선덕

왕이 죽은 후 김주원이라는 사람이 왕으로 결정되었는데, 당시 높은 관리였던 김경신(원성왕)이 먼저 궁궐에 들어가 즉위식을 해 버린 거야. 김주원은 왕이 되지 못하고 강원도로 쫓겨가 살았지. 이후에도 왕족들의 왕위 쟁탈전은 계속되었어. 그러니 나라가 극심한 혼란에 빠지고 백성들은 고통 속에 살 수밖에 없었지. 결국 백성들은 민란을 일으켜 신라를 크게 흔들었어.

벼락이 치면
나라가 망한다?

하늘이 벌을 내리면
가장 고통받는 건
백성들이구나….

부우우웅—

우아앙~

찍

찍

찍

천재지변은 지진, 홍수, 태풍 등의 자연 현상 때문에 생기는 재난이나 이 상한 일을 말해. 옛날에는 임금이 잘못을 하면 하늘에서 이런 식으로 벌을 내린다고 생각했어. 그래서 천재지변이 일어나면 나라에서는 잘못한 점이 없나 반성도 하고 무언가 나쁜 일이 생길까 두려워하기도 했지. 통일 신라 가 기울기 시작할 무렵부터 《삼국사기》나 《삼국유사》 등 역사책에는 천재지 변에 관련된 이야기가 부쩍 자주 나타나.

제35대 경덕왕 2년에는 첫 번째 왕비를 쫓아낸 후 지진이 일어났어. 3년에는 커다란 별이 느닷없이 나타나 열흘쯤 떠 있다가 사라지기도 하고, 그 다음 해에는 달걀만큼 커다란 우박이 떨어진 후 심한 가뭄이 들었다는 거야. 이렇게 연이어 심한 가뭄이 들면 수많은 백성이 굶어 죽게 돼. 6년에는 겨울에도 눈이 오지 않을 정도로 심하게 가물었고, 7년에는 큰 별똥별이 떨어졌대. 8년에는 폭풍이 불어 큰 나무가 뿌리째 뽑혔고, 13년에는 큰 우박과 함께 메뚜기떼가 몰아닥쳤어.

경덕왕의 아들인 혜공왕 때도 천재지변은 계속되었어. 즉위 다음 해에는 두 개의 태양이 나타나 백성들이 공포에 떨었다는 기록도 있지. 어린 혜공왕을 도와 정치를 하던 태후는 죄수를 여러 명 풀어 주어 백성들의 마음을 달랬지만 천재지변은 계속되었어. 암소가 다섯 개의 다리를 가진 새끼를 낳기도 하고, 땅이 내려앉아 넓은 연못이 생기기도 했지. 지진도 발생하고 별이 세 개나 대궐로 떨어져 서로 부딪히는 일도 일어났다고 해. 궁궐에 벼락이 치고 우박이 쏟아지며 우물이 모두 말라 버리거나 호랑이가 궁궐로 들어오기도 했지. 메뚜기떼와 쥐떼가 몰려 나타나고 흙비가 쏟아지는 일도 있었대. 그리고 얼마 지나지 않아 반란이 일어나 혜공왕은 살해되고 말았지.

천재지변은 그 자체로도 두렵지만 농사에도 직접 피해를 주기 때문에 더욱 무서워. 천재지변이 계속되면 흉년이 들고 백성들이 굶주림에 고통받게 돼. 그 고통이 심해지면 백성은 도적이 되기도 하고 반란을 일으키기도 하지. 그런 의미에서 봤을 때, 천재지변이 잦으면 나라가 망한다는 게 전혀 터무니없는 이야기는 아닌 것 같아.

038 바다를 지킨 영웅

천한 출신으로 바닷가에서 태어난 장보고는 신라에서 뜻을 펼 수 없었어. 신라에서는 신분에 따른 차별이 엄격했거든. 장보고는 중국 당나라로 건너 갔지. 전투 솜씨가 뛰어났던 그는 당나라에서 인정받는 장수가 되고 높은 벼슬도 얻었어. 그때 장보고는 장삿배가 많이 드나드는 항구 근처에 살았어. 그런데 신라의 정치가 혼란해지니, 많은 신라 사람이 그곳으로 몰려들었지. 당나라 해적들은 신라 사람들을 잡아 와 노예로 팔기도 했는데, 장보

고는 그런 상황에 무척 화가 났단다. 그래서 신라로 돌아와 해적들을 물리치고 신라 사람들이 노예로 팔리는 일을 막기 위해 노력했어.

신라의 흥덕왕은 용감한 장보고에게 군사 1만 명을 내주며 지금의 남해안 완도 부근을 지키게 했지. 장보고는 그곳의 이름을 '청해진'이라고 지었어. 깨끗한 바다를 만드는 군사 기지라는 뜻의 이름이야. 그리고 흥덕왕은 장보고에게 '대사'라는 벼슬을 내렸어. 이는 당시 신라에 없던 벼슬이었지. 장보고의 신분이 낮아서 진짜 벼슬을 줄 수는 없었지만, 당나라에서 높은 벼슬을 했던 그를 무시할 수 없으니 새로운 벼슬을 하나 만들어 준 거야. 청해진은 일본과 당나라를 잇는 바닷길에 있는 중요한 자리였어. 장보고는 그곳에서 배를 만들고 군사를 훈련하여 황해의 해적을 모두 물리쳤어. 이렇게 되니 신라와 일본, 당나라의 무역이 활발해지고 수많은 장삿배가 드나들게 되었지.

039 임금님 귀는 당나귀 귀!

전설로 내려오는 '임금님 귀는 당나귀 귀' 이야기를 알고 있니? 이 이야기가 어쩌면 실제로 있었던 일일 수도 있대. 그 주인공은 신라의 제48대 임금인 경문왕이지. 경문왕이 왕 자리에 오른 후, 귀가 갑자기 커져 당나귀 귀처럼 되었대. 이 사실은 왕후와 궁녀들 누구에게도 알리지 않을 만큼 철저히

비밀로 했는데, 왕의 모자를 만드는 기술자에게는 알려야 했지. 그는 왕과
의 약속을 지켜 평생 누구에게도 이야기하지 않았대. 그런데 죽을 때가 가
까워졌을 무렵, 그 사람은 더 이상 참을 수 없었던 모양이야. 아무도 없는
대나무 숲 가운데 들어가서 큰 소리로 외쳤지.

"우리 임금님 귀는 당나귀 귀라네!"

그 후 바람이 불면 대나무숲에서 '우리 임금님 귀는 당나귀 귀라네'라는
소리가 들렸대. 경문왕은 그런 이야기가 퍼지는 것이 싫어서 대나무를 베어
버리라고 했어. 그리고 그 자리에 산수유를 심었더니 바람이 불면 '우리 임
금님 귀는 길다네'라는 소리가 들렸대.

040 호족의 힘이 세진 이유

진성여왕은 정강왕의 여동생이었어. 자식을 남기지 못한 정강왕은 "내 누이는 날 때부터 똑똑하고, 체격도 남다르게 커서 사내라고 해도 좋을 정도이다. 예전에 선덕여왕과 진덕여왕의 일을 본받아 그녀를 왕으로 섬기도록 하라"라고 유언했지.

그런데 진성여왕은 나랏일은 제대로 돌보지 않고 노는 데만 정신이 팔렸어. 그래서 여왕에게 아첨하는 간신들이 나라를 엉망으로 만들었지. 진성여왕의 유모였던 부호부인은 여왕의 옆에서 권력을 마구 휘둘렀어. 여왕이 돈을 낭비한 탓에 나라의 금고는 텅텅 비고, 백성들 사이에서는 매관매직(관직을 돈으로 사고 파는 행위)이 성행했대. 또 죄 없는 사람이 잡혀가 모진 형벌을 받기도 했단다.

그때 경주에는 이상한 주문이 퍼졌어. 여왕은 나랏일을 안 하고 놀기만 하며, 주변 사람들이 멋대로 백성을 못살게 굴고 있으니 제발 나라를 망하게 해 달라고 부처님에게 비는 주문이었지. 이를 듣고 크게 화가 난 진성여왕은 주문을 퍼트린 범인을 당장 잡아오라고 했지만 도저히 범인을 밝힐 수 없었단다. 그래서 관리들은 시골에서 조용히 살고 있던 학자를 잡아 감옥에 가두었어. 그 학자는 신라 백성들의 존경을 받는 훌륭한 사람이었지.

감옥에 갇힌 학자는 자신의 억울함을 호소하는 시를 감옥의 벽에 썼어. '옛날 중국에서는 억울한 사람을 옥에 가두니 5월에도 서리가 내렸다고 하는데, 지금 하늘은 어찌하여 아무런 조짐도 보이지 않는가'라는 내용의 시였지. 그런데 그 시를 완성하자, 갑자기 번개가 치고 먹구름이 몰리더니 세찬 비와 함께 굵은 우박이 쏟아졌대. 깜짝 놀란 진성여왕은 그 학자를 석방하고 사형수를 제외한 다른 모든 죄수도 풀어 주었다고 해.

백성들의 불만이 점점 커져 여기저기서 민란이 일어나고 도적이 들끓게 되었어. 왕실과 조정의 권위는 형편없이 떨어지고 말았지. 그래서 조정의 힘은 멀리 지방에까지 미치지 못했어. 그런데도 돈이 떨어진 여왕과 조정은 지방을 다스리는 호족들에게 관리를 보내 빨리 세금을 내라고 독촉했지. 호족들은 자기가 다스리는 백성들에게 여왕이나 조정은 믿지 말고 자기 말을 듣고 따르라고 했어. 그렇게 지방은 호족들의 세상이 되었지. 여왕의 힘은 수도 경주 주변에만 겨우 미칠 정도로 약해졌어. 지방 호족들은 조정은 무시하고 각자 힘을 키우는 데 몰두했지. 자기들끼리 치열한 싸움을 벌이기도 했단다. 결국 가장 힘센 호족이었던 견훤과 궁예만 남아 각각 후백제와 후고구려를 세운 거야.

041 내가 바로 미륵불

궁예는 신라의 왕자였어. 아버지가 어느 왕인지 정확히 알 수는 없단다. 그 시대에는 하도 많은 왕이 바뀌고 또 바뀌었기 때문에 나이로도 궁예의 아버지를 짐작하기 어려워. 전해지는 이야기에 따르면, 궁예가 태어날 때에 이상한 일이 있었대. 출산과 동시에 흰 빛이 지붕을 덮었고, 아이는 날 때부터 치아가 자라 있었지. 이를 이상하게 여긴 왕이 점쟁이를 데려다 점을 봤는데, 아이가 크면 나라를 망하게 할 것이니 아기일 때 없애라고 했대. 그래

서 왕은 신하를 시켜 궁예를 죽이라고 했어.

신하가 성벽 아래로 아이를 던졌는데, 궁예를 불쌍하게 여긴 유모가 아래에서 받다가 실수로 눈을 찔렀대. 그래서 궁예는 한쪽 눈이 멀었다고 하지. 궁예는 유모의 손에서 자라다가 '세달사'라는 절에 들어가 '선종'이라는 스님이 되었어. 이러한 경험 때문인지 궁예는 나중에 자신을 스스로 미륵불이라고 했지.

세달사에서 나온 궁예는 지금의 강릉인 명주에서 3500명의 군사를 거느린 장군이 되었어. 그때부터 그는 신라나 다른 호족들과 싸우며 자신의 세력을 키우기 시작했지. 신라의 땅이었던 강원도를 대부분 차지한 궁예는 고려라는 나라를 세웠어. 지금은 그때의 고려를 '후고구려'라고 부른단다. 삼국 시대의 고구려, 그리고 왕건이 세운 고려와 구별하기 위해서야.

궁예가 나라 이름을 고구려와 비슷하게 지은 이유는 옛 고구려 땅에 살았던 사람들의 도움을 받기 위해서였단다. 자신을 버린 신라 왕실에 복수하려 했던 궁예는 옛날 고구려에 살았던 사람들도 신라를 미워할 것이라 생각한 거야. 그에 앞서 견훤이 백제의 복수를 내세우며 나라 이름을 후백제라 지은 것도 영향을 끼쳤겠지. 이렇게 해서 신라와 후백제, 후고구려가 힘을 겨루는 후삼국 시대가 시작되었어.

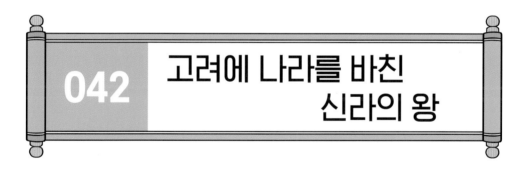

042 고려에 나라를 바친 신라의 왕

신라의 마지막 왕인 경순왕을 세운 사람은 견훤이었어. 견훤은 군사를 이끌고 신라에 쳐들어가 경애왕을 죽이고 그 외사촌 동생인 경순왕을 왕 자리에 앉혔지. 경순왕은 견훤 덕분에 왕이 되었지만 견훤을 적으로 생각하고 미워했어. 하지만 견훤이 무기를 빼앗은 것은 물론이고, 신라의 군사들부터 무기를 만드는 기술자까지 모두 잡아가거나 죽였기 때문에 경순왕은 저항할 수가 없었지. 그런 상황에서 경순왕이 믿을 사람은 오직 고려의

왕건뿐이었단다. 다행히 왕건은 경순왕을 윗사람으로 대우하며 극진히 모셨다고 해.

그런데 어느 날, 후백제 안에서도 싸움이 일어나 견훤이 왕건에게로 피신하는 일이 생겼어. 이 소식을 들은 경순왕은 하늘의 운이 모두 왕건에게 모이고 있다고 생각하여 신라를 넘기기로 결정했지. 이때, 신라의 태자가 울며 말렸어.

"나라가 보존되고 멸망하는 것은 반드시 하늘의 뜻에 달려 있습니다. 그러니 충신과 의로운 사람들이 백성들을 달래고, 스스로 굳건히 하다가 힘을 다한 다음에 그만두어야 합니다. 어찌하여 1000년의 역사를 가진 나라를 하루아침에 경솔히 남에게 내준단 말입니까?"

하지만 경순왕은 백성들의 안전을 위한 결정이라며 끝내 고려에 항복하겠다고 했어. 크게 슬퍼한 태자는 그 길로 금강산에 들어가 나물을 먹으며 산속 바위 틈에서 살았대. 비단옷을 벗어 버리고 삼베옷을 입고 살았다 하여 그를 마의태자라고 부르기도 하지. 마의태자와 달리 경순왕은 훌륭한 대접을 받으며 왕건에게로 갔어. 고려의 수도 개성으로 가는 경순왕의 행차는 아름다운 수레와 보배로 장식한 말이 길게 이어져 길을 메울 정도였대. 왕건은 멀리까지 마중 나와 경순왕을 환영하였고, 궁궐 동쪽에 멋진 집을 지어 주었대. 그리고 맏딸 낙랑 공주와 결혼할 수 있게 해 주었지.

99퍼센트가 모르는 역사 지식

경순왕의 무덤은 경기도 연천에 있어. 원래는 신라의 다른 왕릉이 있는 경주로 시신을 옮기려 했지. 그런데 그때는 신라가 망한 지 50년도 채 되지 않았을 때였어. 만약 경순왕의 시신을 본 신라 사람들이 나라를 다시 일으키겠다고 하면 고려는 곤란하겠지? 그래서 경순왕은 죽어서도 경주로 가지 못하고 연천에 묻혔단다.

바다 동쪽의 번성한 나라

발해는 고구려의 유민이 세운 나라야. 유민이란 망해서 없어진 나라의 백성을 말해. 발해의 지배층은 옛 고구려 사람들이고, 백성은 말갈족이라고 전해져. 어쩐지 말갈족이라고 하면 우리와는 다른, 낯선 민족이라는 느낌이 들지? 하지만 말갈족은 만주 지방에 살던 사람들을 통틀어 부르는 말이야. 고구려의 옛 땅이 만주까지 펼쳐져 있었던 것을 기억하니? 말갈족은 만주의 고구려 땅에 살던 사람들이었던 거야. 그보다 더 오래전에는 단군의 고

조선, 부여 등이 있던 땅이 바로 만주지. 확실히 우리의 역사인 고조선, 부여, 고구려의 백성 중에도 말갈족이 섞여 있었던 거야.

그런데 나라 이름이 처음부터 발해였던 것은 아니야. 발해를 세운 대조영은 나라 이름을 '진국'이라고 지었어. 일본으로 사신이 오고 갈 때 고구려를 계승한 '고려'라고 적은 문서도 있어. 분명히 발해는 고구려를 이어받은 나라인 거지. '발해'라는 이름은 당나라가 대조영을 발해 군왕이라 한 데서 나온 거야. 이때 당나라도 발해를 별도의 나라로 인정한 거란다. 발해는 227년 동안 계속되었고, 열다섯 명의 왕이 있었어. 그중 가장 번성했던 때는 제10대 선왕 시절이야. 그때 당나라는 발해를 일컬어 '바다 동쪽의 번성한 나라'라고 불렀대.

발해가 중국이 아닌 우리 역사 속 나라라는 근거는 여러 가지가 있어. 먼저 사람이 사는 데 가장 중요한 음식과 옷, 주거 형태, 언어 등이 모두 중국과 달라. 발해의 된장과 온돌 등은 중국에서는 찾아볼 수 없는 우리의 문화지. 또 당나라와는 별개로 독자적 연호를 사용한 것도 근거로 들 수 있어. 연호는 왕이 즉위한 해부터 연도를 세는 이름이야. 만약 중국에 속한 나라였다면 중국 연호를 썼겠지?

러시아의 연해주 크라스키노에는 발해의 성터가 있는데, 그 성터에서 온돌 유적이 발견되었어. 전체 길이가 14.8미터에 이르는 발해 시대 최대의 온돌이지. 'ㄷ'자 모양의 이 온돌은 10세기 발해 말기의 것으로 추정된다고 해. 방에 돌을 깐 다음, 아궁이에 불을 때서 돌을 덥혀 방을 따뜻하게 하는 온돌은 고구려와 발해 유적에서만 발견되는 시설이야. 그러니 발해가 고구려를 계승한 나라라는 것을 알 수 있지.

거란족에 의해 발해가 멸망한 후, 유민은 거의 대부분 한반도로 와서 고려의 백성이 되었어. 중국으로 가지 않고 한반도로 왔다는 건 우리 민족이 발해 사람들에게 더 가까운 존재였다는 것이 아닐까? 물론 고려 조정도 이들을 거리낌 없이 받아 주었고 말이야. 우리는 발해에 대해 더 많은 관심을 가질 필요가 있어. 중국이 고구려뿐만 아니라 발해의 역사까지 노리고 있으니 말이야.

044 발해는 왜 멸망했을까?

앞서 이야기했듯, 발해는 당나라로부터 '바다 동쪽의 번성한 나라'라는 말을 듣던 크고 강한 나라였어. 일본과도 여러 차례 활발히 교류했지. 그런데 이처럼 크고 활발했던 나라가 거란의 침략에 제대로 힘도 못 써 보고 멸망했다고 해. 중국에는 '마음이 갈라진 것을 틈타서 싸우지 않고 거란이 이겼다'라는 기록도 있는데, 아마도 내부 분열이 멸망의 원인이었던 것 같아.

그런데 비슷한 시기에 있었던 백두산 화산 폭발이 발해의 멸망과 관련 있을 거라고 주장하는 학자도 있어. 반면에 백두산의 화산 폭발은 10세기인

960년 정도에 있었고 발해는 926년에 멸망했으니 직접적인 연관이 없을 거라는 주장도 있지. 또 백두산은 9세기와 10세기에 걸쳐 두 번 폭발했는데, 9세기의 폭발이 발해를 쇠퇴하게 했을 것이라고도 해. 화산이 폭발하기 전부터 징조가 나타났을 텐데, 그 때문에 민심이 흔들려 거란에 쉽게 나라를 내주었을 것이라는 주장도 있지. 아무튼 거란은 발해를 멸망시키고도 12세기까지 그 지역을 지배하지 못했대. 이 또한 백두산 화산 폭발 때문이라고 추측할 수 있어.

045 견훤은 지렁이의 아들?

경상북도 문경에 가면 금하굴이라는 곳이 있어. 신라 진성왕 때 이곳에서 견훤이 지렁이의 자식으로 태어났다는 전설이 있지. 어느 부잣집에 딸이 있었는데, 밤마다 찾아오는 청년과 사랑에 빠졌어. 얼마 후 부잣집 딸은 아이를 가지게 되었고, 배가 불러오자 부모에게 말했지. 그랬더니 아버지가 실을 꿴 바늘을 그 남자의 옷에 꽂아 두라고 딸에게 시켰어. 다음 날 실을 따라

가 보니 금하굴 속에 커다란 지렁이가 허리에 바늘이 꽂혀 죽어 있었대. 이 지렁이와 부잣집 딸 사이의 자식이 견훤이라는 이야기가 있어.

그런데 사실 견훤의 아버지는 아자개라는 농부야. 지렁이의 아들이 아니 더라도 견훤은 어릴 때부터 대단한 인물이었나 봐. 하루는 아버지가 들에서 일하고, 어머니가 밥을 나르느라 아이를 숲속에 누여 둔 적이 있었대. 바로 그때, 호랑이가 와서 견훤에게 젖을 먹였다는 거야. 이처럼 견훤은 젖먹이 일 때부터 남달랐는데, 자라서는 용감함과 책임감도 뛰어나 적을 막을 때는 항상 사람들 앞에 섰다고 해.

046 자신의 나라를 정벌한 사나이

후백제의 견훤은 신검이라는 큰아들 대신 어린 아들 금강을 후계자로 정했어. 그에 반발한 신검과 동생들은 아버지 견훤을 금산사라는 절에 가둬 버렸지. 3개월 후 견훤은 금산사에서 탈출하여 고려 왕건에게 귀순했고, 왕건은 그를 극진히 대우했어. 견훤은 자신을 내쫓은 아들들에게 복수하도록 도와달라고 왕건에게 졸랐대.

왕건은 10만 대군을 직접 이끌고 후백제 정벌에 나섰어. 이때 견훤이 맨 앞에 섰단다. 견훤과 고려군의 위세를 본 후백제의 장수들은 싸우기도 전

에 모두 항복했어. 도대체 싸울 수 없는 상황이었지. 고려의 대군이 진격하자, 후백제군은 뿔뿔이 흩어져 버렸어. 그중에는 창을 거꾸로 잡고 신검 측을 공격하는 후백제 군사들도 있었대.

도저히 말도 안 되는 이 전쟁에서 신검은 제대로 싸워 보지도 못하고 항복하고 말았어. 936년 6월, 이렇게 후백제가 멸망하고 후삼국이 통일되었지. 견훤은 이 전쟁이 끝난지 며칠 만에 전쟁터인 황산의 절에서 등창으로 세상을 떠났다고 해. 등창이란 등에 나는 큰 부스럼을 말하는데, '울분과 번민'을 참지 못하여 그런 일을 당했다고 해.

047 당신이 그냥 왕 하시오!

궁예의 나쁜 짓에 더 이상 견딜 수 없었던 왕건과 동료들은 궁예를 몰아내기로 했어. 어떻게 궁예를 몰아내고, 누구를 새로운 왕으로 모실지 논의하기 위해 왕건의 집에 모였지. 그런데 이 일을 부인에게 알리고 싶지 않았던 왕건은 이렇게 부탁했어.

"밭에 새로 익은 오이가 있으면 따다 주시겠습니까?"

사실 왕건의 부인은 무슨 일이 일어날지 미리 눈치채고 있었어. 그래서 밭에 가는 척하다가 다시 방으로 들어가 휘장 속에 숨어 있었대. 잠시 후 여러 장군이 모였고, 왕건을 왕으로 추대했지만 그는 계속 사양하고 있었어. 그때 왕건의 부인이 휘장에서 뛰어나오며 외쳤지.

"큰 뜻을 세우고 폭군을 몰아내는 일은 옛날부터 있었던 일입니다. 저도 화가 나 참을 수가 없는데 대장부들은 어떻겠습니까?"

왕건의 부인은 갑옷을 가져다 왕건에게 직접 입혀 주었어. 이후 왕건은 여러 장군과 함께 궁예를 몰아내고 고려의 왕이 되었지.

5

고려 시대

918년~1392년

출생에 얽힌 놀라운 비밀

고려 왕조의 첫 임금인 왕건의 조상 이야기는 당나라 황제로부터 시작돼. 753년, 아직 왕자이던 당나라의 숙종이 여기저기 구경을 다니다가 한반도까지 왔대. 그리고 오늘날의 황해도 예성강 근처에서 보육이라는 사람의 집에 묵게 되었지. 그런데 숙종은 보육의 두 딸을 보고 좋아하며 자기의 터진 옷을 기워 달라고 했어. 보육은 숙종이 귀한 사람임을 한눈에 알아채고 큰

딸을 보내려 했지만, 큰딸이 코피가 터져 둘째 딸 진의를 들여보냈지. 신라 시대 김유신의 여동생들 이야기와 조금 비슷하지?

어쨌든 숙종이 보육의 집에 머문지 한 달 후, 진의가 아이를 가졌대. 그런데 숙종은 당나라로 돌아가야 했지. 숙종은 진의에게 자기 정체를 밝히고, 아들이 태어나면 전해 주라며 활과 화살을 주었대. 진의는 아들을 낳았고 그 아이의 이름을 작제건이라 지었어. 아들이 자라 아버지가 누구인지 궁금해 하자 진의는 '당나라 사람'이라고만 말해 주었지.

어느덧 장성한 작제건은 아버지를 만나기 위해 당나라로 떠났어. 그런데 짙은 안개 때문에 배가 바다 한가운데서 움직이지 못했지. 뱃사람들은 함께 탄 고려인 때문이라며 작제건을 두고 가기로 했어. 작제건은 활과 화살만 들고 바닷속으로 뛰어들었는데, 놀랍게도 용왕과 만나게 됐지. 용왕을 괴롭히던 늙은 여우를 물리쳐 주니 용왕은 작제건에게 소원을 말하라 했어. 작제건은 동방의 왕이 되고 싶다고 했지. 그러자 용왕은 3대가 지난 후, 이름에 '건' 자가 붙은 자손이 왕이 될 거라고 했어. 작제건은 자신이 왕이 되는 것을 포기하는 대신 용왕의 사위가 되기로 했지.

작제건은 용녀와 함께 개성으로 돌아왔고, 용녀는 네 명의 아들을 낳았대. 그중 가장 큰 아들의 이름은 '왕륭'인데, 그가 바로 왕건의 아버지야. 그러니 왕건은 당나라 황제 숙종의 증손자이며 용왕의 외증손자인 셈이지. 그런데 어느 날, 왕륭의 꿈에 아름다운 여자가 나타나 결혼을 약속했대. 그후 왕륭은 길을 가다 한 여자를 만났는데 바로 꿈에서 본 그 여자였던 거지. 그래서 왕륭은 그녀와 결혼해 왕건을 낳았어. 꿈에서 본 여자라 하여 '몽부인'이라고 불렀다지.

이런 이야기들이 사실인지는 알 수가 없어. 용왕 이야기도 믿을 수 없지만, 당나라의 숙종은 어려서부터 대궐 밖으로 한 번도 나가지 않았대. 당나라에서 이렇게 지적하니 고려에서는 숙종이 아니라 선종이라고 말을 바꾸기도 했단다. 선종 황제는 당나라에서 반란이 일어날 당시 도망을 다녔거든. 그래서 왕건의 조상 이야기가 지어낸 것이라는 비판을 받기도 했어. 고려는 그때 강대국이었던 당나라와 왕건의 관계를 꾸며 외교에 도움을 받으려 했던 것 같아. 특별하고 새로운 나라라며 위신도 세우고 말이야. 비록 이야기의 진실은 알 수 없지만, 실제 왕건의 조상은 호족 중 하나이고, 그의 할아버지 이름이 작제건, 아버지 이름이 왕륭인 건 사실이라고 해.

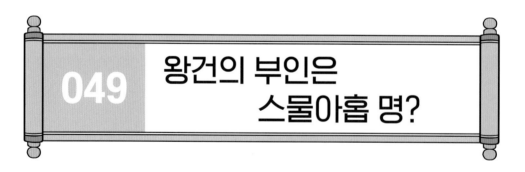

049 왕건의 부인은 스물아홉 명?

왕건에게는 스물아홉 명의 부인이 있었어. 그중 여섯 명은 왕비이고 스물세 명은 후궁이었지. 어떻게 왕비를 한꺼번에 여섯 명이나 둘 수 있느냐고? 고려 시대는 일부다처제 사회였어. 한 명의 남편이 여러 명의 정실 부인을 거느릴 수 있었다는 거야. 왕건이 이렇게 여러 명의 부인을 얻은 이유는 호

전국 곳곳의 여인들이 궁 안에 다 모였구나.

족들의 도움을 받기 위해서야. 아무리 뛰어나도 혼자 힘으로 왕이 될 수 있는 사람은 없어. 누군가의 도움을 받아야 하지. 왕건은 신라 말기, 지방에서 세력을 키운 호족들의 도움을 받아서 왕이 되었어. 호족들의 신뢰를 얻기 위해 그들의 딸이나 여동생을 아내로 맞아 가족이 된 거란다. 왕건 자신뿐만 아니라 왕건의 아들들도 호족의 딸이나 여동생과 결혼하여 가족 관계를 굳건히 만들었지.

왕건은 궁예의 신하였을 때에도 여러 명의 부인을 두었어. 그때 이미 세력을 키우고 있었던 거지. 그래서 궁예가 왕건을 의심했을 수도 있어. 하지만 의심하면서도 왕건을 쉽게 없애지 못했던 것 또한 이미 커진 세력이 두려워서였을 거야.

출신 지역별 부인들의 숫자를 살펴보면 당시 나라의 상황이 어떻게 돌아 갔는지 추측해 볼 수 있어. 부인 중 황해도 출신이 아홉 명으로 가장 많아. 경상도 여섯 명, 경기도 네 명, 충청도 세 명, 강원도 세 명, 전라도 두 명, 지역을 알 수 없는 사람이 두 명이지. 황해도 사람이 많았다는 것은 왕건이 황해도 호족의 도움을 많이 받았다는 뜻이야. 또 경기도 사람이 적었다는 것은 왕건이 이미 경기도에서 힘을 떨치고 있었다는 얘기지. 경상도 출신이 많은 것은 신라 사람들에 대한 배려로 보여. 또 신라를 망하게 한 것에 대한 반발을 잠재우려는 뜻이라고도 할 수 있지.

전라도 사람이 적은 것은 후백제의 견훤과 그의 사위 박영규가 이미 왕건 의 편이 되었기에 더 이상의 도움이 필요 없었기 때문이지. 그래도 견훤의 사위 박영규는 자신의 첫째 딸을 왕건의 후궁으로 보냈어. 또 둘째, 셋째 딸 은 왕건의 며느리가 되었지. 결국 왕건과 견훤은 사돈 사이가 되었어. 그런 데 친정에서는 언니 동생 사이면서 시집에서는 시어머니와 며느리 사이가 되고, 이모와 조카가 결혼하는 아주 복잡한 관계가 되어 버렸지?

어쨌든 고려는 이렇게 각 지역 호족의 연합체로 시작했던 거야. 호족들을 하나로 묶는 방법은 왕건과 아들들을 중심으로 가족 관계를 만드는 것이 었지. 왕건은 여섯 왕비에게서만 무려 스물다섯 명의 아들을 얻었어. 그중 세 명이 왕위에 올랐지. 왕비가 많으니 아들이 많고, 아들이 많으니 서로 왕이 되겠다는 다툼도 많았어. 그래서 고려 초기의 왕실은 아주 복잡했단다.

고려에 피바람이 불다

이 나라에 더 이상 호족은 필요 없다! 연호도 새로 만들 거야!

깡그리 개혁해서 왕의 힘을 키울 것이다.

광종

눈에 나지 않게 잠자코 있자.

고려의 제4대 임금 광종은 태조 왕건의 넷째 아들이야. 혜종, 정종이었던 두 형에 이어 스물다섯 살에 왕이 되었어. 광종이 왕위에 오를 때까지 고려의 왕권은 아직 굳건하게 자리잡지 못했지. 광종은 개혁을 하고 싶었지만, 상황을 제대로 파악하기 위해 처음 몇 년은 가만히 두고 보기만 했어. 그리고 7년이 지난 후, 광종은 개혁을 시작했어. 주로 호족의 힘을 약하게 만들어 왕권을 강화하고, 권력을 중앙 정부로 모으는 데 힘을 쏟았지. 왕건을 도와 고려를 건국하는 데 공을 세웠던 호족의 힘이 그때까지도 계속되고 있었거든. 참고로 호족의 힘이 세면 왕이 일을 제대로 할 수 없어. 이것저것 간섭이 많기 때문이야.

광종은 우선 중국과 상관없이 고려만의 독자적인 연호를 정했어. '광덕'이라는 연호였지. 이때 중국에 달리 강한 왕조가 없었던 덕에 고려는 문제없이 독자적인 연호를 쓸 수 있었어. 이처럼 나라 밖으로 고려의 위상을 확실히 세운 후, 호족들을 정리하기 시작했지.

대표적인 사건은 태조 왕건때부터 최고의 권력을 휘두르던 박수경 일가를 무너뜨린 것이야. 박수경은 왕건에게 충성을 다한 사람이지. 박수경 집안에서는 왕비가 세 명이나 나왔고, 광종이 왕이 되는 데도 많은 도움을 주었어. 그런데 그런 박수경의 세 아들을 한꺼번에 역적으로 몰아 죽인 거야. 세 아들 모두 높은 벼슬을 하고 있었는데 말이야. 이후 박수경은 화병으로 죽고 말았지. 박수경뿐만 아니라, 광종은 조금이라도 자신의 뜻에 어긋나는 신하가 있으면 죽이거나 내쫓았어. 왕족이라고 예외는 아니었지. 이전의 왕이었던 혜종과 정종의 아들들도 광종에게 죽임을 당했어. 그들은 광종의 조카이기도 하지. 심지어 광종의 아들이었던 태자도 아버지에게 죽임을 당할까봐 늘 공포에 떨어야 했단다. 만약 왕자가 더 있었다면 태자도 목숨을 잃었을지 몰라.

광종이 휘두른 공포 정치의 칼날은 주로 호족에게 겨눠졌어. 수단과 방법을 가리지 않고 살아남고 싶었던 사람들은 다른 사람을 모함하여 광종에게 일러바쳤지. 광종은 많은 호족을 죽였고, 불만을 가진 이들이 반란을 일으킬까 늘 불안해했어. 그러니 또 누군가 역적모의를 했다고 하면 잡아다 죽이는 일을 되풀이했지. 이처럼 호족을 견제하는 광종의 공포 정치는 10년 동안 계속되었대. 이로써 왕권을 확립하는 데 방해가 되었던 호족 세력은 거의 사라지게 되었어.

99퍼센트가 모르는 역사 지식

광종은 중국에서 귀화한 사람들에게는 좋은 대우를 해 주었어. 그들을 위한 잔치도 자주 베풀고, 선물도 많이 주었대. 이처럼 귀화한 사람들이 관직을 많이 차지하는 바람에 호족들이 설 자리가 줄어들었단다.

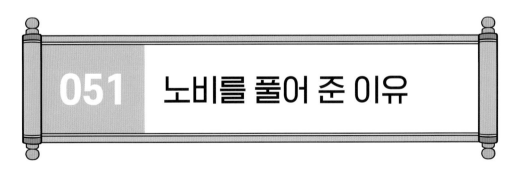

051 노비를 풀어 준 이유

고려 초기 호족들의 집에는 노비가 많았어. 노비는 주로 전쟁에서 포로로 잡힌 사람들이었지. 후삼국을 통일하는 과정에서 세 나라가 여러 차례 전쟁

을 치렀잖아. 그때 왕건을 도와 전쟁터에 나갔던 호족들은 포로로 잡은 적의 병사를 고향으로 돌려보내지 않고 노비로 삼은 거야. 그런데 적이라 해도 후삼국의 세 나라는 모두 신라에서 갈라져 나온 나라잖아. 그러니 포로들도, 주인인 호족도 모두 같은 나라 사람이었던 거지.

일단 노비가 되면 전쟁이 나도 군대에 가지 않아. 그래서 노비가 많다는 건 그만큼 군사가 적어지고 그에 따라 국방력이 약해진다는 얘기지. 또 주인인 호족의 개인 병사로 쓰이기 때문에 호족이 반란을 일으키면 노비들도 반란군이 되기 쉬워. 그러니 중앙 정부에는 개인의 노비가 많은 게 좋을 일이 하나도 없지. 그런데 호족들은 노비 수를 자꾸 늘리는 거야. 고려 시대에는 양인(평민)과 천민은 서로 결혼을 못하게 했어. 법으로 금하는데도 결혼할 경우에는 이들 자녀를 노비가 되도록 했단다. 그래서 호족들은 남자 노비와 양인 여자들이 결혼하도록 강요했어. 그렇게 노비 숫자를 늘려서 개인 재산을 불린 거야.

호족의 세력을 약하게 만들어야 했던 광종은 '노비안검법'을 실시했어. 전쟁 포로로 노비가 된 사람의 신분을 양인으로 회복해 준다는 법이지. 노비가 자신이 양인이었다고 관청에 신고만 하면 노비 신세에서 벗어날 수 있었단다. 이렇게 쉽게 양인이 될 수 있으니 너도나도 신고해서 양인이 되었겠지? 호족들 입장에서는 농사지을 사람도, 개인 군사가 되어 줄 사람도 없어져 버린 거야. 이렇게 해서 호족의 힘이 약해지도록 한 거지.

호족의 힘을 꺾는 또 다른 방법이 있었어. 관리를 뽑을 때 실시하는 과거 시험을 제대로 치르는 것이지. 호족의 힘이 셀 때는 그들의 가족이나 친척은 과거를 보지 않아도 관리가 될 수 있도록 했어. 그러면 관리 중 자기편 사람이 많아지니 힘이 더 강해지겠지. 호족의 힘이 강해지면 상대적으로 왕의 힘은 약해지고 말이야. 그러니 왕의 힘을 강하게 만들려면 호족 주변 사람들이 관리가 되는 것을 가능한 한 막아야 했단다.

물론 뛰어난 인재를 호족의 가족이라고 뽑지 않겠다는 것은 아니야. 공정하고 엄격한 과거 시험을 치러 훌륭한 인재를 고루 뽑겠다는 거지. 과거 시험을 본 사람이 어떤 배경을 가지고 있든 상관없이 말이야. 그렇게 되면 호족의 가족 중 관리가 되는 사람 숫자는 저절로 줄어들고, 훌륭한 인재가 관리가 될 수 있는 길도 넓어지니 좋은 결과를 만들 수 있겠지?

칼보다 강한 말 한마디

고려 시대 한반도의 북쪽에는 여진족과 거란족이 살고 있었어. 그들은 길을 막고 고려가 중국 여러 나라와 교류하는 걸 방해했지. 그래도 고려는 바다 건너 송나라와 교류했어. 송나라는 한족이 세운 나라이고, 여진족과 거란족은 한족이 오랑캐라고 부르는 민족이었지. 송나라 이전에도 한족이 세

운 나라들은 중국의 중심에서 앞선 문화를 가진 나라였어. 그래서 고려도 한족과 친하게 지내고 싶었던 거야.

더구나 고려는 거란족과 친구가 될 생각이 전혀 없었어. 고려가 세워졌을 때, 거란의 왕은 교류하자며 사신을 보내왔지. 그런데 왕건은 사신으로 온 서른 명을 모두 감옥에 가뒀어. 예물로 보내 온 낙타는 굶겨 죽이고 '거란은 짐승 같은 나라'라고 했단다. 거란이 발해를 멸망시켰기 때문이야. 그후 거란족은 요나라를 세웠는데 송나라와만 친하게 지내려는 고려를 불만스러워했어.

어느 날, 거란의 80만 대군이 소손녕이라는 장수를 앞세워 고려에 쳐들어왔어. 겁이 난 고려 대신들은 서경 북쪽의 땅을 거란에 내주고 항복하자고 했지. 당시 왕이었던 성종도 대신들과 같은 의견이었어. 성종은 서경의 창고에 있던 쌀을 백성들에게 나눠 주라고 했지. 나눠 주고도 쌀이 남자, 대동강에 버리라고 지시했어. 적의 식량이 되느니 차라리 버리는 게 낫다고 생각한 거야. 그런데 이때 서희가 반대하고 나섰어.

"식량도 넉넉한데 적과 열심히 싸운다면 반드시 이길 수 있습니다."

서희의 강력한 반대에 성종은 쌀을 버리라는 명령을 거뒀지. 소손녕은 고려의 왕과 만나기를 원했어. 하지만 성종 대신 서희가 소손녕을 만나러 갔지. 소손녕은 서희에게 이렇게 말했어.

"고려의 사신은 뜰에 엎드려 내게 절하라."

"뜰에 엎드려 절하는 것은 신하가 임금을 대할 때 하는 것입니다. 두 나라의 대신이 마주하는 이 자리에서는 절할 수 없습니다."

끝내 절하기를 거부하는 서희의 당당함에 소손녕은 감탄하며 마주 앉아 대화를 하자고 했지. 소손녕은 "고려가 차지한 고구려 땅이 거란의 소유이니 그 땅을 내놓으라"라고 하며, 땅이 맞닿아 있는 자기네 나라를 제치고 바다 건너 송나라와 교류하는 것 때문에 침략했다고 했어.

그에 대해 서희는, 고려는 고구려를 옛 터전으로 하여서 고려라 이름 지었다고 말했지. 또 고려가 거란과 국교를 맺지 못한 것은 압록강 근처에 사는 여진족 때문이니, 이들을 쫓아내고 우리의 옛 땅을 되찾는다면 거란과 친하게 지낼 수 있다고 했어. 소손녕은 서희의 주장을 받아들이고 군사를 돌렸지. 그리고 고려가 여진족을 물리치고 그 땅을 차지하는 일에 동의한다는 글을 보내왔어.

99퍼센트가 모르는 역사 지식

이후 고려가 여진족을 몰아내고 자신들의 영토로 만든 땅이 바로 강동 6주란다.

053 나는 아직 죽지 않았다네

강조: 왕을 시해한 간신배들을 다 물리치고 왕위에 오르실 수 있게 해 드리겠습니다!

목종

대량원군

나 아직 살아 있어~

  고려의 목종은 열여덟 살에 왕이 되었어. 그는 전왕인 성종의 조카였지. 그런데 목종이 나이가 어리다는 이유로 조정의 모든 권력은 헌애왕후가 차지했어. 헌애왕후는 행실이 좋지 못한 사람으로, 성종의 왕비였지만 김치양이라는 사람과 사귀어 아들을 낳았어. 그리고 아들에게 왕 자리를 물려주기 위해 일을 꾸미기 시작했지. '천추태후'라고 불린 헌애왕후와 김치양은 마치 부부처럼 지내면서 조정을 멋대로 휘둘렀어. 김치양은 뇌물을 받고 벼슬을 마음대로 내주었고, 커다란 집을 지어 놓고 천추태후와 놀았지. 백성들도 마구 데려다 부려먹어서 백성들은 그를 미워했어.

모든 권력을 천추태후와 김치양에게 빼앗긴 목종은 절망에 빠졌어. 목종에게는 유행간이라는 남자친구가 있었는데, 그도 황제의 사랑을 믿고 나랏일에 마음놓고 간섭해댔지. 그때 목종에게는 아들이 없어서, 친척인 대량원군이 고려 왕실의 하나뿐인 후계자였어. 천추태후와 김치양은 대량원군을 없애려 했지. 그래야 자신들이 낳은 아이를 왕으로 만들 수 있을 테니까 말이야. 그들은 대량원군을 스님으로 만들어 절로 보냈어. 그리고 절에 계속 자객을 보내 대량원군을 죽이려 했지만 그들의 계획은 늘 실패로 돌아갔단다.

병이 들어 죽을 날이 가까워졌다고 생각한 목종은 후계자를 확실하게 정하려 했지. 목종은 대량원군을 지키고 왕의 자리를 그에게 물려주기 위해 강조라는 무인을 불렀어. 그런데 강조가 수도 개경에 들어오기 전, 백성들 사이에는 천추태후와 김치양 무리가 목종을 죽였다는 소문이 돌았단다. 강조는 그 소문을 듣고 서둘러 개경으로 향했어. 천추태후는 그런 강조를 사로잡기 위해 군사를 준비시켜 기다리고 있었지. 이 사실을 알게 된 강조의 아버지는 아들에게 사람을 보냈어. 혹시라도 아들이 개경에 들어오는 걸 망설일까 우려했던 거야.

"왕이 이미 죽고 없으니 병사를 거느리고 와서 나라를 위기에서 구하라."

강조는 병사 5000여 명으로 반란을 일으켰어. 뒤늦게 왕이 살아 있다는 것을 알았지만, 이미 늦었지. 개경에 들어간 강조는 김치양과 그 아들, 유행간 등 간신들을 죽이고 목종을 폐위했어. 궁궐을 손에 넣자 사람들은 강조에게 왕이 되라고 했지만, 강조는 이를 거절하고 대량원군을 왕 자리에 앉혔어. 그가 바로 현종이란다.

그런데 애초에 강조를 불러들인 건 목종이잖아. 강조는 목종에게 절에 들어가 숨어 있으면 일을 다 해치운 후 데리러 가겠다고 편지를 썼어. 목종은 시키는 대로 했지만 강조는 무사를 보내 그를 죽였지. 만약 목종의 마음이 변해서 강조가 역적으로 몰리면 큰일이잖아. 그래서 강조는 미리 목종을 없애 버린 거야. 다음 해, 거란은 목종의 폐위 사건에 대해 따지겠다며 고려에 쳐들어왔어. 40만 대군이 쳐들어온 거란의 2차 침입이야.

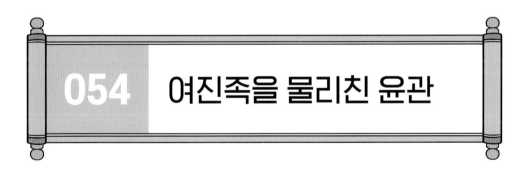

054 여진족을 물리친 윤관

여진족은 금나라를 세우기 이전까지는 고려를 부모의 나라로 여기고 조공을 바쳤어. 한때 여진족은 고려의 일부가 되게 해 달라는 요청도 해 왔지. 고려 조정은 여진족을 관리로 삼아 거란의 공격을 막는 일을 맡기기도 했어. 그런데 고려 숙종 때 완안부(여진)에 영가라는 지도자가 나타나 나라의 힘을 키우기 시작했지. 영가의 뒤를 이은 오아속은 국가의 모습을 갖추

고려의 장군은
배포가 크구나!
실컷 마시고 돌아가자.

윤관

그게 너희의
마지막 만찬이
될 것이다.

고 흩어져 있던 여진족을 통일했어. 이 무렵 그들은 고려의 국경을 침략하며 고려 사람들을 괴롭혔지.

여진족의 군대는 주로 말을 타고 싸우는 기마병으로 이뤄져 있어. 그래서 날쌔게 쳐들어와 재빨리 싸움을 끝내 버리지. 이런 특성을 알지 못한 고려는 여진족을 얕잡아 보다가 계속 패하곤 했어. 여진족에게 패배한 윤관은 숙종에게 특수군인 별무반을 만들자고 제안했어. 숙종은 나라를 위기에서 구하고 여진족에 복수하기 위해 별무반을 만들기로 했지. 윤관은 스무 살 이상의 남자들로 17만 명 대군을 모았단다. 별무반은 기마병으로 구성된 신기군, 보병으로 구성된 신보군, 스님들로 구성된 항마군으로 나뉘었어. 윤관은 3년 동안 이들을 열심히 훈련시켰지.

　3년 뒤, 준비를 마친 윤관은 별무반을 이끌고 여진 정벌에 나섰어. 마침 여진족이 곧 쳐들어온다는 소식을 듣고 먼저 공격하기로 한 거야. 윤관은 일부러 겨울이 다가오는 11월 경에 군사를 일으켰어. 농사지을 땅이 많지 않아 늘 식량이 부족했던 여진족에게 겨울은 식량을 구하기 더욱 어려운 계절이지. 또 눈이 내리면 길이 미끄러워 말이 제대로 활동하지 못하잖아. 기병이 대부분인 여진족 군대에게 겨울은 특히 전쟁이 쉽지 않은 계절이야.

　그런데 군사를 17만 명이나 이끌고 전쟁터에 간 윤관은 전투를 하지 않고 여진족 추장들을 불러들였어. 예전에 잡은 포로들을 풀어 준다며 그들을 불러 크게 잔치를 베풀어 주었지. 여진족 추장 400명은 모두 술에 취했고, 그 틈을 노려 윤관은 추장들을 공격했지. 처음부터 윤관을 믿을 수 없다며 불참한 몇몇 추장만 빼고 거의 모든 추장이 죽거나 잡혔어. 우두머리도 없는데 17만 명의 훈련된 대군이 쳐들어가니 여진족은 제대로 싸워 보지도 못하고 후퇴했지. 여진이 빠져나간 빈 자리에 윤관은 동북 9성을 쌓았어.

　그 후 여진족은 동북 9성을 돌려달라며 계속 애원했어. 고려에서도 그곳을 계속 지키기 어렵다고 생각하여 2년 후 여진족에게 돌려주고 말았지. 하지만 윤관이 군사를 제대로 훈련하여 북쪽 오랑캐를 물리치러 갔다는 건 우리 민족의 용감한 기상을 보여 주는 의미 있는 일이었어.

지혜로 거둔 승리

거란이 두 번째로 고려에 침입했을 때, 그들은 두 가지 조건을 들어주면 자기네 나라로 돌아가겠다고 했어. 첫째는 거란이 세운 요나라 왕에게 고려 국왕이 찾아가 인사를 하는 것이었고, 두 번째는 서희가 소손녕을 설득하여 얻은 강동 6주를 돌려 달라는 것이었어. 고려의 왕은 병이 났다며 요나라에

가지 않았고, 강동 6주도 돌려주지 않았지. 거란은 똑같은 요구를 되풀이하면서 고려를 괴롭혔지만 고려를 이기지는 못했어.

전쟁이 길어지면 멀리서 온 군대가 불리해. 식량이 바닥날 뿐 아니라, 고향을 떠난지 오래되어 피곤해진 군인들의 사기도 땅에 떨어지거든. 그래서인지 거란은 얻은 것 없이 군사를 돌렸어. 하지만 그 이후로도 고려에 쳐들어올 기회를 계속 노렸지.

고려에 세 번째로 침입했을 때, 거란군은 10만 명이었어. 하지만 고려도 준비를 철저히 하고 있었지. 고려의 왕은 20만 군대를 키워 강감찬에게 지휘하게 했단다. 강감찬은 군대를 이끌고 지금의 평안북도에 있던 흥화진에 도착했지. 그곳은 산이 험하고 숲이 우거졌으며 동쪽에는 강이 흐르고 있었어. 강감찬은 굵은 밧줄로 소가죽을 꿰어 강을 막으라 했지. 그리고 용감한 병사를 뽑아 숲속에 숨어서 적을 기다리게 했어. 거란군이 강을 건너기 시작하자, 고려군은 소가죽을 묶었던 밧줄을 끊고 막아 두었던 강물을 흘려보냈어. 거란군은 갑자기 밀려온 강물에 휩쓸리게 되었지. 간신히 강물에서 빠져나온 거란군은 숲에 숨어 있던 고려 군사들이 모두 무찔렀어.

흥화진에서 엄청난 군사를 잃었음에도 거란의 장수 소배압은 남은 군사를 몰고 개경으로 향했어. 그 소식을 들은 고려 왕 현종은 성 밖에 사는 백성들을 모두 성안으로 불러들였고, 성 밖에 있는 집이며 농작물을 모두 없앴어. 남의 나라에 쳐들어가는 군대는 쳐들어간 지역에서 식량을 얻곤 해. 멀리서부터 식량을 다 짊어지고 갈 수 없기 때문이야. 또 도착한 곳에 있는 집 안에서 추위를 피하기도 하지. 그런데 고려 사람들은 적이 먹을 식량 한 톨, 바람을 피할 집 한 채 남겨놓지 않았어. 그러니 개경 성 밖에 도착한 거란군은 공격을 포기해야 했지. 먹지 못하고 추위에 떠는 군사는 전투에서 이길 수 없기 때문이야.

그렇게 될 것을 미리 알았던 강감찬은 거란군이 갈 만한 곳마다 군사를 숨겨 놓았어. 숨어 있던 고려군의 공격에 거란군은 지칠 대로 지쳤지. 더 이상 싸우기 어렵다는 것을 깨달은 거란군은 도망가기 시작했고, 고려군은 그 뒤를 쫓아가 적을 거의 전멸시켰지. 10만 대군이 쳐들어왔지만 살아 돌아간 거란군은 몇천 명에 지나지 않았어. 거란 역사상 가장 처참한 패배였대.

056 욕심 넘쳤던 이자겸

이자겸의 둘째 딸은 예종의 왕비가 되었어. 그녀는 아들을 낳았는데 이 아들이 나중에 인종이라는 임금이 되지. 왕비의 아버지인 이자겸은 왕 다음으로 높은 벼슬에 올랐어. 예종이 세상을 떠났을 때, 태자는 열네 살밖에 되지 않았지. 그래서 예종의 동생들이 서로 왕 자리를 차지하려고 노렸어. 그런 상황에서 이자겸은 자신의 외손자인 태자를 받들어 왕 자리에 오를 수 있게 도왔지.

이자겸

딸들을 왕에게
시집보내서 왕실을
내 마음대로 주물러야지!

둘째

예종

셋째   넷째

아들
인종

족보가 아주
이상해졌네.

　어린 왕을 앞세워 권력을 손에 쥔 이자겸은 여러 가지 누명을 씌워 반대파를 모두 없애 버렸어. 그리고는 벼슬을 팔아 자기편 사람을 관리로 만들었지. 이자겸은 이번에는 셋째 딸과 넷째 딸을 인종의 왕비로 들여보냈어. 인종은 이자겸의 외손자이며 사위가 된 거야. 인종은 이모들과 결혼하고 싶지 않았지만, 이자겸이 강제로 결혼을 성사시켰어. 다른 집안의 여자가 왕비가 되면 자신의 권력이 줄어들까 봐 그렇게 한 것이지.

　이자겸은 무엇이든 자기 마음대로 했어. 스스로를 높이려 자신의 집을 '의친궁'이라 부르게 하고, 세상을 떠난 자신의 조상들에게 높은 벼슬을 올렸지. 또 자신의 생일을 기념일로 만들기도 했어. 심지어 그는 왕인 인종에게도 무례하게 굴었대. 여기서 끝이 아니란다. 이자겸은 불법으로 나라에서 많은 재산을 받아서 넓은 집과 땅을 차지한 데다, 뇌물을 엄청나게 거둬들였어. 전국에서 그에게 선물이 들어오는데, 그 선물들을 제대로 간수하지 못해 한쪽에서는 고기 썩는 냄새가 심하게 났대. 백성들은 이자겸에게 빼앗기지 않으려 수레를 부수고 소와 말을 팔아 버리기도 했대. 그는 남의 수레를 아무렇게나 빼앗아서 뇌물을 실어나르곤 했거든.

더 이상 이자겸의 횡포를 두고 볼 수 없었던 인종은 이자겸을 잡아들이라고 했어. 그러자 반란을 일으킨 이자겸이 왕궁을 포위하여 불을 지르고 왕을 가뒀어. 왕을 죽이고 자신이 왕위에 오르기 위해 독이 든 떡을 왕에게 올렸지. 그런데 이자겸의 넷째 딸인 인종의 왕비가 이를 알고 인종에게 알렸어. 인종은 독이 들었는지 확인하기 위해 까마귀에게 떡을 던져 주었지. 떡을 먹은 까마귀는 그 자리에서 죽어 버렸어. 그래도 이자겸은 포기하지 않고 왕비에게 독약을 주며 인종에게 먹이라고 했지. 왕비는 독약이 든 그릇을 들고 가다 일부러 넘어져 독약을 쏟아 버렸어. 간신히 목숨을 건진 인종은 이자겸과 함께 반란을 일으킨 척준경을 이용하여 이자겸을 제거했어. 왕의 자리가 크게 흔들렸던 고려 왕실은 척준경까지 몰아내고서야 비로소 제자리를 찾을 수 있었지.

수도를 옮겨야 나라가 산다?

이자겸의 난 이후 고려는 무척 힘든 시기를 보내야 했어. 궁전은 불타고 왕의 체면이 땅에 떨어졌지. 더구나 나라 밖에서는 여진족이 호시탐탐 침략의 기회를 노리고 있었단다. 이런 상황에 서경 출신 스님 묘청이 서경, 즉 지금의 평양으로 수도를 옮기자고 주장했어. 수도였던 개경 땅의 힘이 쇠했기 때문에 고려가 위기에 처했다는 거지. 그래서 나라의 힘이 다시 강해지려면

땅의 힘이 왕성한 서경으로 수도를 옮겨야 한다는 것이었어. 이를 '서경 천도 운동'이라고 해. 또한 묘청은 고려에서도 왕이라는 호칭 대신 '황제'를 사용하고, 북쪽을 치고 올라가 땅을 넓히자고 했어. 인종은 묘청의 제안을 받아들였고 수도를 옮기기 위해 서경에 궁궐을 짓게 하였지. 묘청은 서경의 대화궁이 완성되면 천하를 통일할 수 있고 여진족의 금나라가 항복할 것이라 했어.

그러나 그런 일은 일어나지 않았지. 오히려 인종이 서경을 방문할 때 갑작스러운 폭풍우로 수많은 사람과 말이 목숨을 잃었어. 사람들은 묘청을 비난하며 서경 천도를 강력히 반대했지. 결국 인종은 서경 천도를 없던 일로 해 버렸단다. 서경 천도에 실패하자 묘청과 그의 무리는 서경에서 반란을 일으켰지. 왕은 김부식을 보내 반란을 진압하게 했어. 반란군은 1년 넘게 저항했지만, 식량이 부족해 굶주리면서 사기가 크게 떨어졌다고 해. 결국 서경 천도 운동은 실패로 끝나고 말았어.

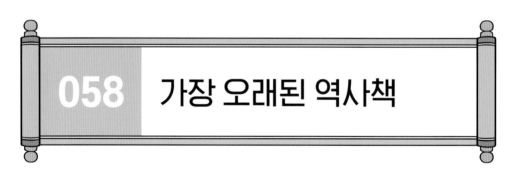

058 가장 오래된 역사책

《삼국사기》는 지금까지 우리나라에 남아 있는 가장 오래된 역사책이야. 물론 그 이전에도 역사책은 있었지만, 전쟁과 화재 등으로 다 없어져 버렸단다. 비록 내용의 사실 여부에 대해 논란이 있지만, 900여 년 전에 쓰여 지

짧고 빈약한 기록 대신
우리 역사를 자세히 쓰고

후세에 교훈을 남기기 위해
책을 만들 것이다!

금까지 남아 있다는 점에서 《삼국사기》는 우리에게 아주 소중한 역사책이라 할 수 있겠지? 이 책을 쓴 사람은 김부식이야. 물론 50권이나 되는 많은 양을 김부식 혼자 쓴 건 아니지. 스무 명 정도가 함께 썼는데, 김부식이 책임자였기에 그를 글쓴이라 하는 거야.

책을 쓰기 시작할 무렵, 김부식은 묘청의 난을 평정했어. 김부식은 철저한 유학자였고, 중국과 그 문화를 부러워하며 늘 닮고 싶어 했던 사람이야. 그러니 중국과 상관없이 고려의 왕이 황제가 되고, 중국 땅으로 쳐들어가자는 스님 묘청의 주장을 받아들일 수 없었지. 반란을 진압하여 나라를 위기에서 구한 김부식의 세력은 더욱 확실하게 굳어졌어. 인종도 그를 믿어 높은 벼슬도 내려 주었지. 그러면서 《삼국사기》 쓰는 일의 책임을 맡은 거야. 그러니 여러 사람이 함께 썼다고 해도 이 책에는 김부식의 영향이 많이 담겨 있겠지.

김부식은 고려의 지식인들이 우리 역사를 잘 모르고 있다는 점에 한탄했어. 그러면서 자신이 《삼국사기》를 쓰는 이유는 다음 세 가지라고 했지. 첫째, 중국 역사책들은 우리 민족의 역사를 너무 짧게 기록하고 있으니 우리가 우리의 역사를 자세히 기록해 두어야 한다는 거야. 둘째, 당시에 있던 역사책들의 내용이 빈약하기 때문에 다시 써야 한다는 이유지. 셋째, 왕과 신하, 백성의 잘잘못을 가리고 어떤 행동이 옳은 것인지 드러내어 후세에 교훈을 삼고자 한다는 것이었단다.

《삼국사기》는 문장이 아름다우며 내용이 질서 있고 깔끔하게 정리되어 있어 역사책의 모범이 되는 책이야. 하지만 이 책에 대해 비판하는 사람도 많아. 비판의 주요 내용 중 하나는 경주 김씨인 그가 고려를 고구려가 아닌 신라를 이어받은 나라라고 했다는 점이야. 또 중국을 받들다 보니 중국과 맞서 싸워야 했던 고구려에 대해 별로 좋지 않게 썼다는 점도 있지. 또한 삼국 시대에는 불교가 중요한 사상적 바탕이 되었는데, 철저한 유학자였던 김부식은 불교를 거의 미신과 같이 취급했대.

99퍼센트가 모르는 역사 지식

《삼국사기》가 완성된 지 1000여 년이 지난 후, 일연 스님이 《삼국유사》라는 역사책을 펴냈어. 완벽히 잘 쓴 글은 아니지만, 《삼국사기》의 부족한 점을 채워 주는 의미 있는 책이지. 《삼국유사》의 가장 소중한 가치는 '단군신화'를 담은 최초의 역사책이라는 점이야.

059 화가 난 무신들의 반란

고려 시대에는 문신만을 대우하고 무신은 차별하여 무시하곤 했어. 심지어 김돈중이라는 문신이 무신 정중부의 수염을 태운 적도 있지. 무신들은 화를 참으며 속으로 벼르고 있었단다. 그러던 어느 날 밤, 왕과 문신들은 술을 마시고 시를 지으며 놀고 있었어. 자기들만 신나게 노느라 군사들이 식사를 못 하고 있다는 것도 몰랐지. 이에 화가 난 무신들이 정중부에게 말했어.

"왕과 문신들이 배부르게 먹고 취하도록 마시며 놀고 있는데 무신들은 굶으면서 경비만 서야 하다니 더 이상 참을 수 없네."

"맞다, 더 이상 참을 수 없다."

이전에 문신에게 수염이 태워지는 모욕을 당했던 정중부는 그 자리에서 뜻을 같이 하기로 약속했어. 다음 날 왕은 또 문신들을 데려다 술을 마셨어. 그리고 술자리가 한창일 때 무신들을 불렀지.

"우리 구경하게 이 자리에서 씨름을 해 봐라."

나이 든 대장군 이소응은 장교 한 명과 씨름을 했지만 기력이 딸려 중간에 씨름을 포기했지. 그런데 이를 본 문신 한뢰가 이소응의 뺨을 때렸고, 이소응은 땅에 굴러떨어졌어. 그 모양을 본 왕과 문신들은 손뼉을 치며 크게 웃었어. 머리끝까지 화가 난 무신들은 반란을 일으켜 왕을 내쫓고 문신들을 모두 죽여 버렸지. 이로부터 100년 동안 무신들이 고려를 지배했단다.

99퍼센트가 모르는 역사 지식

무신들이 고려를 지배했던 100년 동안, 그들은 서로를 죽이며 권력을 빼앗았어. 피바람이 부는 무신 시대의 막을 내리게 한 것은 바로 몽골의 침략이었단다.

몽골과 싸운 스님 장군

고종 때 중국에서는 몽골의 세력이 커지고 있었어. 거란 사람들도 몽골군을 피해 고려 땅으로 들어왔지. 이때 고려는 몽골군과 힘을 합해 거란 사람들을 몰아냈어. 몽골은 고려와 형제로 지내자고 제안했고, 그때부터 몽골의 사신이 고려에 오기 시작했지. 그런데 사신들은 올 때마다 수많은 공

물을 빼앗아 갔고, 고려는 몽골에 불만을 갖게 되었어. 그러던 와중, 몽골의 사신이 고려에 왔다가 돌아가는 길에 압록강 근처에서 살해되는 사건이 벌어졌지. 몽골은 이를 시빗거리로 삼아 고려와의 외교 관계를 끊어 버렸어.

몽골의 1차 침입 후, 무신 정권은 강화도로 수도를 옮길 계획을 세웠어. 그런데 이때, 대신 한 사람이 이를 반대했어.

"만약 조정이 강화도로 옮겨가 버리면 육지에 남은 남자들은 모두 전쟁터에서 희생당할 것이고 노약자는 모두 몽골의 포로가 될 것이오."

그러자 무신 정권의 우두머리 최우는 이런 말을 한 대신을 가둬 버렸어. 다른 대신들은 무신이 두려워 아무도 반대하지 못했지. 당시 고려의 왕이었던 고종은 강화도로 가는 것을 반대하며 궁궐을 떠나려 하지 않았어. 하지만 무신들은 궁궐의 관청도 모두 강화도로 강제로 옮겼고 강화도로 떠나지 않는 관리는 군법에 따라 처벌하겠다고 협박했지. 고종과 대신들은 모두 무신들의 강압에 못 이겨 강화도의 새 궁궐로 옮겨갔어.

몽골은 다시 고려를 침략했지만 강화도에 쳐들어가지는 못했지. 대륙에서만 활동하던 몽골군은 바다에서의 싸움에 약했거든. 다만 하루빨리 국왕이 육지로 나올 것을 요구했어. 하지만 무신 정권은 이런 몽골의 요구를 무시해 버렸지. 몽골은 28년 동안 아홉 번이나 고려를 침략했어. 비록 조정은 강화도로 도망갔지만, 백성들은 육지에 남아 적들과 치열하게 싸웠지. 스님 김윤후는 몽골의 1차 침입 때 지금의 용인에 있는 처인성으로 피란가 있었어. 그런데 몽골군이 그곳까지 쳐들어오자, 김윤후는 몽골군 사령관 살리타이를 활로 쏘아 죽였는데 그 공으로 장군 벼슬을 받았지. 그 다음에는 충주 산성에서 몽골군과 맞서 싸우게 되었어. 몽골군에게 산성이 포위당한 지 70일이 넘었을 때, 식량은 바닥나고 병사들의 사기도 땅에 떨어졌지. 그때 김윤후는 병사들에게 말했어.

"너희 중 힘을 다 바쳐 싸우는 사람이 있다면, 귀하고 천하고를 가리지 않고 모두에게 벼슬을 내려 주겠다."

그러면서 관노비 문서와 그들의 이름이 적혀 있는 장부들을 불태워 버렸어. 또 적으로부터 빼앗은 소와 말을 병사들에게 나누어 주었지. 그런 김윤후의 태도에 힘을 얻은 병사들은 모두 죽음을 무릅쓰고 나가 싸웠어. 이들과 싸운 몽골군은 사기가 떨어져 더 이상 남쪽으로 내려가지 못했다고 해.

061 귀양길에 죽은 고려 왕

고려 제28대 충혜왕은 탐욕스럽고 방탕한 사람이었대. 말타기, 활쏘기를 좋아했으며 사냥 등 놀이를 즐겼고, 남의 부인들을 못살게 굴어 사람들의 원망을 사기도 했지. 그래서 당시 고려의 정치에 간섭하던 원나라 황제는 충혜왕을 세 번이나 폐위했어.

　원나라의 정승이었던 엘 테무르는 충혜왕을 아꼈는데, 그 덕분에 충혜왕은 아버지를 제치고 왕위를 차지할 수 있었어. 그런데 2년 후, 엘 테무르가 세상을 떠나자 충혜왕은 왕 자리를 아버지에게 도로 내주어야 했지. 그 후 아버지 충숙왕이 죽자, 충혜왕은 다시 왕위에 올랐지만 여전히 나랏일에는 관심이 없었어. 게다가 아버지의 후궁을 겁탈하는 등 인간이 해서는 안 될 나쁜 짓을 저지르기 시작했어. 결국 원나라에서는 다시 충혜왕을 폐위시키고 그를 원나라로 잡아갔어. 두 번째 폐위였지.

　몇 년 후 충혜왕은 다시 고려의 왕으로 돌아오게 되었어. 그런데 그는 여전히 정신을 차리지 못하고 음주가무를 즐기며 사냥을 일삼고 나랏일은 돌보지 않았지. 새로 궁궐을 짓는데, 개경에서는 '왕이 민가의 어린이 수십 명을 잡아 새 궁궐의 주춧돌 밑에 묻고자 한다'라는 소문이 돌기까지 했어. 그래서 집집마다 아이를 안고 도망가거나 숨는 등 소란이 일기도 했지.

또한 충혜왕은 아무 여자나 희롱하고 못살게 구는 습관을 버리지 못했어. 왕이 그러니 백성들의 성도덕도 엉망이 되었지. 충혜왕의 이런 잘못들은 모두 원나라에 보고되었어. 충혜왕의 잘못에 대해 이야기를 들은 원나라 황제는 충혜왕을 잡아들이라 명령했대. 그리고 사신들을 영접하러 나온 충혜왕을 다짜고짜 발로 차 넘어뜨리고 밧줄로 묶어 원나라로 끌고 갔지. 원나라 순제는 끌려온 충혜왕을 보고 다음과 같이 말했대.

"그대의 피를 온 천하의 개에게 먹여도 부족할 지경이지만, 내가 살인을 즐겨 하지 않아서 유배를 보내는 것이다. 그러니 나를 원망하지 말라."

충혜왕은 대도 옌징에서 8000킬로미터나 떨어진 게양현으로 귀양을 가게 되었어. 그러나 그는 귀양지에 닿지도 못하고 세상을 떠났단다. 그때 그의 나이 30세였지. 충혜왕이 독살되었다는 소문도 있었지만, 어찌 되었든 고려 백성들은 그저 폭군이 죽었다는 소식에 모두 기뻐했다고 해.

062 신돈과 공민왕의 잘못된 만남

공민왕: 새 옷을 마다하다니, 참으로 청렴하구나!

신돈: 출가자로서 당연한 일이옵니다.

우리도 내일부터 헤진 옷을 입고 다닐까?

소근

어느 날 공민왕은 이상한 꿈을 꾸었대. 꿈속에서 누가 칼로 자기를 찌르는데 곁에 어떤 스님이 있다가 구해 주었다는 거야. 다음 날 왕비에게 꿈 이야기를 하고 있는데 그때 마침 김원명이 신돈이라는 스님을 데리고 왔대. 그런데 신돈의 모습이 공민왕이 꿈에 본 그 스님과 비슷했다는 거야. 공민왕이 여러 가지 대화를 해보니 신돈은 매우 똑똑하고 지혜로웠어. 공민왕은 신돈이 마음에 꼭 들었지. 그래서 신돈을 특별하게 모시게 했어.

신돈은 공민왕을 만난 후부터 옷차림을 초라하게 꾸며 여름이나 겨울이나 옷 한 벌로 지냈대. 이런 모습을 본 왕은 신돈을 더욱 존중하고 믿었어. 공민왕은 신돈에게 주는 옷이나 음식은 더욱 신경 써서 만들게 했지. 심지어 버선을 줄 때는 머리 위로 받들어 신돈에게 존경을 표하기도 했단다. 나랏일에도 점점 손을 댈 정도로 신돈의 권력은 커져갔어. 그러던 어느 날, 공민왕은 신돈이 자신을 죽이려 한다는 정보를 듣게 되었지. 그 다음엔 어떻게 되었을까? 맞아. 공민왕은 결국 신돈과 그의 세력을 제거해 버렸어.

063 아내 잃은 슬픔과 나라를 바꾸다

원나라의 공주였던 노국 공주는 고려에 시집와 공민왕의 왕비가 되었어. 그런데 1365년, 아이를 낳다가 세상을 떠났고 말았지. 공민왕은 몹시 슬퍼하며 시신 곁을 떠나려 하지 않았어. 이후 노국 공주의 장례는 대대적으로 치러졌단다. 왕이 직접 설계와 감독을 맡아 개경 서쪽에 왕비릉을 만들었어. 이때 노국 공주를 기리는 여러 가지 시설을 만드느라 나라 재산을 탕진하기도 했대. 그뿐만 아니라 공사하다가 죽는 인부도 많았지.

장례를 치르고 나서도 공민왕은 밤낮으로 공주의 초상화를 보며 슬피 울었어. 3년 동안은 고기를 먹지 않았고, 살아 있는 사람을 대하듯 공주의 초상화에 음식을 권하고 몽골 음악을 들려주기도 했대. 새롭게 관리로 임명되거나 사신으로 떠나는 신하들에게 반드시 공주의 무덤에 가서 살아 있는 왕비에게 하듯 예의를 갖추도록 강요하기도 했어. 공민왕은 공주를 그리며 울다가 술에 취하면 주위 사람들을 매질했지. 매 맞는 것이 무서웠던 환관들은 왕이 아예 정신을 놓아 버리도록 계속 술을 권하기도 했대. 이러니 나랏일이 제대로 되었겠어? 고려는 멸망의 길로 치닫게 된 거야.

064 600년 동안 풀이 자라지 않은 무덤

고려 말기에는 남쪽과 북쪽에서 외세가 침입해 백성들을 괴롭혔어. 남쪽에서는 왜구가, 북쪽에서는 홍건적이 고려를 정신없게 만들었지. 최영 장군은 이리저리 다니며 적들을 무찌르는 데 큰 공을 세웠어. 그가 고려를 구한 거지.

최영은 참으로 청렴한 사람이었다고 해. 그가 한 "황금 보기를 돌같이 하라"라는 말도 유명하지. 어느 날 그가 이성계에게 랴오둥을 공격하라고 명령했어. 하지만 이성계는 명령을 듣지 않고 압록강의 위화도에서 말을 돌려 개경으로 돌아왔지. 이성계의 반란군이 최영을 사로잡아 처형할 때, 최영이 이렇게 말했대.

"내가 평생 조금이라도 부정한 일을 저질렀다면 내 무덤에 풀이 날 것이며, 그렇지 않다면 풀이 나지 않을 것이다."

경기도 고양시에 있는 최영 장군의 무덤에는 정말로 600년 가까운 세월 동안 풀이 나지 않았대. 최영이 잘못을 저지르지 않았다는 증거였을까? 그런데 1970년대 이후 조금씩 풀이 나기 시작했고, 이를 본 사람들은 '장군의 한이 이제야 풀렸나 보다'라며 안심했다고 해.

065 가짜 왕일까, 진짜 왕일까?

공민왕이 세상을 떠난 후, 누구를 왕위에 올릴 것인가에 대해 여러 가지 고민이 있었어. 당시 대신들은 열 살 짜리 대군 왕우가 공민왕이 아닌 신돈의 아들일지도 모른다고 의심했기 때문이야. 왕우는 공민왕과 반야라는 여자 사이에서 태어났어. 반야는 신돈의 집에서 일하던 하녀였지. 공민왕이 신돈의 집에 놀러 갔을 때 신돈은 반야에게 공민왕의 잠자리 시중을 들게 했

대. 그 후 얼마 지나지 않아 반야가 아기를 가진 거야. 그래도 대신들은 왕우를 왕 자리에 앉혔어. 공민왕이 살아 있을 때 왕우를 후계자로 정했기 때문이야. 그 왕우가 우왕이지.

하지만 우왕과 그의 아들 창왕이 왕씨가 아닌 신씨라는 말은 끊임없이 돌아다녔어. 조선 사람들이 만든 역사책《고려사》에는 이들을 아예 신돈의 아들로 여기고 우왕의 이름을 '왕우'가 아닌, '신우'로 기록하고 있지. 이성계의 반란으로 왕위에서 쫓겨나 강릉에서 귀양살이를 하던 우왕은 아버지까지 잃게 된 거야. 반란군은 우왕이 신돈의 자식으로, 공민왕의 이름을 더럽

했기 때문에 죽여야 한다고 했어. 그 말을 들은 우왕은 크게 화를 내며 백성들 앞에서 외쳤대.

"백성들이여! 내가 공민왕의 아들이 아니라서 나를 죽인다 하오. 우리 왕씨는 용의 후손으로서 겨드랑이에 용의 비늘을 가지고 태어난다오."

이 말을 한 우왕은 그 자리에서 웃옷을 벗고 겨드랑이 밑에 있는 비늘의 흔적 세 개를 보여줬대. 우왕이나 창왕은 '공민왕'이나 '태조' 같은 왕으로서 받는 이름도 받지 못했어. 그저 그들의 실제 이름인 '우'와 '창'이라는 글자에 왕이라고 붙여 부를 뿐이지. 우왕에 대한 이야기는 《고려사》 중 '반역전'에 실려 있어. 우왕을 몰아낸 이성계 세력은 그의 아들 창왕을 왕위에 올렸어. 이성계는 창왕도 신돈의 손자이니 왕이 될 수 없다고 주장했지. 그런데 함께 반란을 일으킨 동지들의 요구 때문에 창왕을 왕으로 올렸어. 그때 창왕은 아홉 살이었지.

다음 해, 이성계 일파는 창왕을 몰아내기로 했어. 그들은 '가짜를 쫓아내고 진짜를 세운다'라는 명목을 내세웠지. 창왕 역시 신씨이니 왕씨 고려의 왕이 될 자격이 없는 가짜라는 주장이었어. 그들은 고려의 왕족 중에 후보자를 골랐어. 그리고 그들의 이름을 적어 제비뽑기를 하기로 했지. 신하들이 왕을 제비뽑기로 정하는 상황에까지 이르렀으니 고려는 이미 망했다고 봐야겠지? 이렇게 제비뽑기로 왕위에 올랐던 고려의 마지막 왕이 공양왕이야.

066 무덤이 두 군데인 사연

고려의 마지막 왕인 공양왕의 무덤은 강원도 삼척과 경기도 고양 두 군데에 있어. 어떻게 한 사람의 무덤이 두 군데로 나뉘어 있을 수 있을까? 공양왕은 이성계에게 권력을 모두 빼앗긴 뒤, 가족과 함께 도망을 다니다 강원도 간성에서 죽임을 당했어. 삼척의 무덤은 그들이 처음 묻힌 곳이고, 고

양의 무덤은 조선 관리들이 그들의 시신을 확인하고 다시 묻은 곳으로 추정된단다.

　그런데 이와 다른 이야기도 있어. 공양왕이 개경에서 도망친 후 경기도 고양의 한 골짜기에 숨어 있었다는 거야. 그때 그 동네에 있던 절에서 공양왕에게 음식 대접을 했기 때문에 동네의 이름이 '식사동'이 되었다고 전해져. 또 고양에 있는 공양왕릉 앞에는 개의 석상이 하나 서 있는데, 행방불명되었던 공양왕과 왕비의 시신을 연못에서 찾아내는 데 공을 세운 삽살개를 기린 것이라고 해. 이렇게 여러 전설이 내려오는 것을 보면 공양왕과 왕비가 조용히 죽음을 맞이하지는 못한 것 같아.

6

조선 시대

1392년~1910년

067 새 나라의 새 수도

새로운 수도는 산에 둘러싸여 아늑하고 물이 풍부해서 백성들이 좋아하겠군!

정도전

　새 나라 조선의 지도자들은 수도를 새로운 곳으로 옮기기로 했어. 고려의 수도 개경은 이미 땅의 기운이 다하였고, 수도를 옮겨야 민심을 새롭게 바로잡을 수 있다고 생각한 거지. 새 수도의 후보지였던 한양은 신라 때부터 좋은 터로 알려져 있었어. 신라의 스님 도선은 '한양은 전국 산수의 정기가 모두 모이는 곳이기에 반드시 왕의 도성이 들어설 것이며, 그 도성의 주인은 이씨가 될 것이다'라는 기록을 남겼지. 이를 본 조선 건국 세력은 무척 좋아했대. 결국 조선의 새로운 수도는 한양으로 결정되었는데, 그게 바로 지금의 서울이란다.

한양 중심에 남쪽을 향해 경복궁을 지었지. 경복궁 뒤편에는 북악산이 있어 거센 바람과 외적을 막아 줄 수 있었어. 맞은편에는 남산이 있고 왼쪽와 오른쪽에도 낙산과 인왕산이 있는 아늑한 곳이야. 한양 도성 안에는 청계천이 있고, 바깥에는 한강이 흘러 백성들이 살아가는 데 필요한 물도 풍부했지.

경복궁 주변에는 나라의 중심이 되는 종묘와 사직단을 세웠어. 종묘는 조선의 왕과 왕비의 영혼을 모시는 사당이고, 사직단은 땅과 곡식의 신에게 제사를 지내는 곳이야. 옛날 사람들은 농사가 잘 되어 백성들이 배불리 먹고 전쟁이나 전염병 같은 큰 문제 없이 살 수 있다면 나라가 태평한 것이라 생각했지. 이렇게 새 수도를 정하고 궁궐을 짓는 일은 조선의 개국 공신인 정도전을 중심으로 이루어졌단다.

99퍼센트가 모르는 역사 지식

'경복궁'이라는 궁궐의 이름과 궁 안에 있는 주요 전각의 이름도 정도전이 지었다고 해.

068 나를 함흥에 묻어 다오

여긴 누구 무덤인데 억새가 무성하지?

고향을 그리워했지만 원하는 곳에 묻히지 못한 태조의 무덤이야.

조선 태조는 74세였던 1408년에 세상을 떠났어. 두 번째 왕비인 신덕왕후와 함께 묻히기를 원했던 그는 신덕왕후의 무덤인 정릉에 자신의 묏자리를 마련해 두기도 했지. 그러나 계모 신덕왕후와 사이가 좋지 않았던 아들 태종은 아버지 태조가 살아 있을 때부터 정릉을 훼손하기 시작했어. 정릉 앞 100걸음까지 집을 지을 수 있도록 허가를 내주고 능을 지키는 나무를 베어

가도록 허락한 거야. 태상왕이었던 태조는 이 꼴을 보고 눈물을 줄줄 흘리며 자신은 차라리 멀리 고향 함흥에 묻어 달라고 유언을 했어.

하지만 태종은 태조의 무덤을 오늘날 경기도 구리에 있는 동구릉 건원릉 자리에 만들었어. 고향 함흥에 묻어달라는 태조의 마지막 유언조차 들어줄 수가 없었던 거지. 도읍은 한양인데 태조의 능을 함흥에 만든다는 것은 조선의 정통성을 흔들 위험이 있었고, 자신이 일으켰던 형제 싸움의 잘못을 인정하는 것이 되었기 때문이야.

그런데 아버지의 유언을 완전히 무시할 수는 없었어. 그래서 유언을 조금이나마 받들기 위해 함흥에서 흙과 억새를 가져다 무덤에 덮었다고 해. 지금도 이 함흥의 억새가 죽을까 봐 일년에 한 번만 벌초를 하고 있단다. 그래서 태조의 건원릉은 돌보지 않아 잡초가 자라난 것처럼 억새풀이 무성하지.

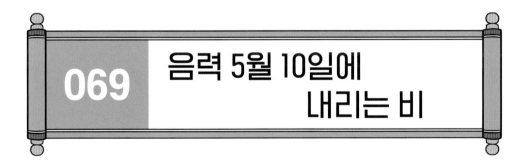

069 음력 5월 10일에 내리는 비

태종이 세상을 떠나기 전 몇 년 동안 조선에는 심한 가뭄이 들었어. 비가 내리지 않아 농사를 짓는 데 필요한 물이 많이 부족했대. 농사가 제대로 되지 않으면 백성들이 고통을 당하지. 그땐 거의 모든 백성이 농사를 지어 먹

고 살았거든. 태종은 병이 들어 누워 있으면서도 백성들을 걱정했어. 세상을 떠날 때는 "내가 죽어 영혼이 있다면 마땅히 상제께 비를 내리시도록 청하여 우리 백성들의 근심을 덜어주리라"라는 말도 남겼다고 해.

정말 태종이 도왔을까? 태종이 세상을 떠난 음력 5월 10일에 비가 흠뻑 내렸대. 이 비로 오랜 가뭄이 풀렸고, 백성들이 고통에서 벗어날 수 있었지. 여기서 끝이 아니야! 그 뒤에도 태종이 세상을 떠난 그날이 되면 반드시 비가 내렸대. 그래서 사람들은 이 날짜에 오는 비를 '태종우'라고 불렀다고 해.

지금도 음력 5월 10일이면 비가 내릴까? 꼭 그런 건 아니야. 태종우는 임진왜란이 일어나기 전 해인 1591년부터 멈췄다고 해. 사람들은 태종우가 멈춘 현상을 통해 태종이 전쟁을 경고한 것이라고 믿기도 했어. 어쨌든 태종이 세상을 떠난 후부터 200년 동안은 태종우가 거르지 않고 내렸다는 이야기니, 놀랍지?

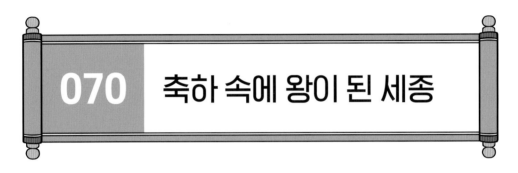

070 축하 속에 왕이 된 세종

새로운 왕이 탄생하는 즉위식은 기쁨과 축하가 가득한 자리일 것 같지? 그런데 실제로는 그렇지 못했대. 전왕이 세상을 떠나면 후계자가 왕위에 오르곤 했는데, 대개 전왕은 새 왕의 아버지잖아. 아버지가 세상을 떠난지 일주일도 안 되어 즉위식을 치르는 거야. 그러니 즉위식은 울음바다를 이루는 슬픈 자리였던 거지.

그런데 태종은 살아 있을 때 세자(세종)에게 왕위를 물려주었어. 이렇게 죽기 전에 왕위를 물려주는 것을 '선위'라고 해. 처음 태종이 선위하려 할 때, 세자와 대신들은 태종이 있는 창덕궁으로 몰려가 울면서 말렸지. 세자가 간절하게 사양하고 신하들이 말렸지만 태종은 고집을 꺾지 않았어. 그리고 세자를 불러 익선관(임금이 쓰는 모자)을 직접 씌워 주었지.

태종을 만나고 나온 세자가 익선관을 쓴 것을 보고 대신들은 울음을 멈추

었어. 그리고 어쩔 수 없는 일이라며 즉위식에 대한 이야기를 나눴지. 새 임금이 이미 정해졌는데 계속 울며 말리면 새 임금에게 충성하지 않는다는 이야기가 되잖아. 태종은 경복궁 근정전에서 즉위식을 하라고 장소까지 정해 주었고, 세종은 축하를 받으며 왕의 자리에 오를 수 있었단다.

세종은 어린 시절부터 책을 정말 열심히 읽었대. 책을 너무 읽어 건강이 나빠질까 봐 아버지 태종이 책을 다 감춰 버리라고 할 정도였어. 그런데 세종이 죽을 때까지 읽지 못한 책이 딱 한 권 있어. 그건 바로 《태종실록》이야. 이는 세종의 아버지인 태종 시대의 역사를 사관들이 기록한 책이지.

《태종실록》이 완성되었다는 보고를 받은 세종은 그 책을 읽겠다고 했어. 어떻게 써 놓았는지 궁금해서 견딜 수가 없었거든. 그런데 신하들이 안 된다고 말리는 거야. 법으로 딱 정해진 건 아니지만, 전왕의 실록을 보면 안 된다는 원칙이 있었대. 만약 아버지 시대의 역사를 아들 왕이 볼 수 있다면 사관들이 아들 왕의 눈치를 보며 사실과 다르게 쓸 수도 있잖아.

세종은 일단 물러섰지만 궁금증은 사라지지 않았어. 그래서 7년 후 다시 명령을 내렸지. 정치를 잘하기 위해서 태종의 실록을 봐야겠다고 말이야. 신하들은 여전히 반대했지만, 세종은 포기하지 않고 비서실인 승정원에 명령했지. 태종이 그 앞 임금의 실록을 읽었다는 기록이 있는지 찾아보라고 말이야. 하지만 승정원에서는 그런 기록은 없다고 보고했어. 그제서야 세종은 《태종실록》 읽기를 포기했지. 그 이후로는 이 원칙이 아예 법으로 정해졌단다.

072 궁궐에 벼락이 떨어지다

세종이 다스리던 때, 경복궁 연생전에 벼락이 떨어졌어. 이 사건으로 궁녀가 죽기도 했지. 그때는 벼락이 떨어지거나 눈비가 너무 많이 오는 등 자연재해가 생기면 나라를 다스리는 데 무언가 잘못이 있어서라고 생각했어.

짐은 하늘을 두려워하고
백성을 너그럽게
다스릴 것이다.

그래서 반성하는 기회로 삼았단다. 세종은 "하늘이 궁궐에 벼락을 떨어뜨려 꾸짖는 뜻을 보이니 내가 매우 두렵다. 죄수들을 풀어 주고 백성을 즐겁게 할 수 있는 일을 함께 의논하여라"라고 신하들에게 말했어. 그런데 신하들은 이를 대수롭지 않게 여겼단다.

"연생전은 중요한 건물도 아니고, 또 큰 벼락도 아니니 재해라고 할 수 없습니다. 이미 여러 차례 백성을 즐겁게 해서 다시 아뢸 것이 없습니다."

그러나 세종은 다시 한번 알아보라고 했어.

"감히 하늘을 두려워하고 백성을 불쌍히 여겨 너그러움을 베풀지 않을 수 있겠는가?"

이렇게 세종은 스스로 조심하고 백성을 너그럽게 다스리려고 노력했단다.

073 낡은 집과 초라한 밥상

태종과 세종 두 시대에 걸쳐 50년 넘게 높은 관리를 지냈던 황희는 평생 부정을 저지르지 않고 정직하게 살았어. 세종이 다스리던 시절, 황희는 관리 중 가장 높은 자리인 영의정을 지냈지. 그러던 어느 날, 세종이 갑자기 황희의 집에 찾아갔대. 미리 알리지도 않고 말이야. 세종이 도착했을 때 황

희는 저녁밥을 먹고 있었어. 급히 밥상을 내가는데, 밥상에는 보리밥에 된
장과 풋고추만 놓여 있었대. 굉장히 초라한 밥상이었지. 밥상뿐만 아니라
집도 영의정이 사는 곳이라고 하기에는 무척 작고 낡았어. 그리고 방에 들
어가 보니 바닥에는 장판 대신 멍석이 깔려 있었지. 이 광경을 보고 세종은
깜짝 놀랐어. 황희가 깨끗하고 정직한 관리라는 소문은 들었지만 이 정도일
줄은 몰랐던 거지. 그래도 한 나라의 영의정인데 말이야. 세종은 어쩔 줄 몰
라 당황하는 황희에게 농담을 했어.

"그대는 등이 가려우면 시원하게 긁기는 좋겠소. 누운 채로 멍석에 비비
기만 하면 될 테니까."

세종이 다스리던 때에 나라가 안정될 수 있었던 이유는 황희처럼 훌륭한
신하가 있었던 덕분일 거야.

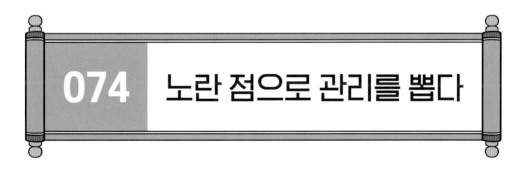

074 노란 점으로 관리를 뽑다

조선 시대에는 나이가 어린 사람이 왕이 되면 대비나 대왕대비가 나라 다
스리는 것을 도와주는 제도가 있었어. 그러나 열네 살에 왕이 된 단종에게
는 불행하게도 정치를 도와줄 사람이 없었지. 어머니도, 할머니도 모두 일
찍 세상을 떠났기 때문에 대비나 대왕대비가 없었던 거야. 그래서 영의정

황보 인과 우의정 김종서 같은 대신들이 단종을 돕게 되었어.

　나라를 다스리는 일 중 가장 중요한 것은 관리를 뽑는 일이야. 그런데 단종은 누구를 뽑아야 하는지 잘 몰랐어. 그래서 황보 인과 김종서가 추천하는 사람 이름 위에 노란색의 점을 찍어 올리기로 했지. 그럼 단종이 그 위에 먹으로 까만색 점을 찍는 거야. 이런 방법으로 나라를 다스리는 걸 '황표정사'라고 해. 두 대신은 자기편 사람들을 관리로 뽑아들였고 조정은 이내 그들의 손안에 들어가 버렸지. 이렇게 왕은 허수아비가 된 채로 몇몇 대신이 나라를 다스리게 되었어.

수양대군이 왕이 되는 데 가장 큰 도움을 준 사람은 한명회야. 그는 세조부터 성종 때까지 높은 벼슬을 차지하고 최고의 권력을 누리며 살았지. 그런데 어린 시절의 그는 자주 병을 앓고 몸이 약했어. 그래서인지 한명회는 열심히 공부해도 관리가 되는 시험에서는 자꾸 떨어졌지. 주변 사람들은 바

보라고 그를 놀리기도 했어. 그래도 한명회는 희망을 잃지 않고 세상 돌아가는 것을 잘 살폈대.

38세에 주변의 도움으로 벼슬 하나를 겨우 얻은 한명회는 어린 시절 친구였던 권람을 찾아갔어. 이미 벼슬을 하고 있던 권람에게 수양대군을 만날 수 있도록 도와달라고 했지. 두 사람이 만났을 때, 한명회는 수양대군에게 말했어.

"저를 가까이 두신다면 대감을 이 나라에서 가장 귀한 자리에 앉혀드리겠습니다."

수양대군은 그런 한명회가 마음에 들었지. 수양대군과 가까이 지내던 한명회는 '살생부'를 만들어 수양대군에게 내밀었어. 왕이 되기 위해 누구를 죽이고 누구를 살려 둘 것인가를 미리 결정해 준 거지. 한명회가 만든 살생부를 바탕으로 수양대군은 난을 일으켜 왕이 될 수 있었어.

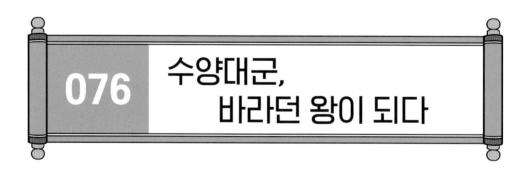

076 수양대군, 바라던 왕이 되다

나라의 권력을 한 손에 쥔 수양대군은 단종과 가까운 사람들을 잡아들였어. 그리고 그들을 귀양 보내라고 단종에게 재촉했지. 단종은 자신과 가까

운 사람들이 고통받는 것을 더 이상 보고만 있을 수 없었어. 그래서 수양대군에게 임금의 자리를 넘겨주기로 했지.

단종은 경복궁 경회루로 수양대군을 부르고, 동부승지였던 성삼문에게 왕의 상징인 옥새를 가져오라고 했지. 단종의 부름을 받고 한달음에 달려온 수양대군은 엎드려 울면서 사양하는 척했어. 하지만 단종은 옥새를 들어 그에게 전해 주었지. 그러자 수양대군은 더 사양하지 않고 옥새를 받았어. 수양대군은 왕의 모자와 옷을 갖추고 근정전에서 즉위식을 했지. 조카의 왕위를 빼앗는 중에도 형식적 예절은 다 갖춘 셈이야.

성삼문은 몇 년 후 단종을 다시 왕의 자리에 올리기 위해 목숨을 바쳤
다고 해.

077 사치품이 된 구리 물통

창경궁은 성종 때 대비들을 위해 지어진 궁궐이야. 성종은 중궁전 앞 연
못의 물통을 구리로 만들게 했지. 그런데 얼마 후 구리 물통을 빼내고 돌로
바꿔야 했어. 한 신하가 그 구리 물통에 대해 비난을 했기 때문이야. 신하는
'작은 부분이라도 화려하게 궁궐을 짓기 시작하면 점점 더 궁궐 짓는 데 돈
을 많이 들이게 된다'라고 걱정했지. 성종은 화려하게 지으려 한 게 아니라
고 변명을 했어.

"나무는 썩기 쉽고 돌은 만드는 데 힘이 많이 들기 때문에 구리로 만드는
것뿐이지, 호화롭게 꾸미려는 의도는 아니었다."

하지만 결국 신하들의 뜻에 따라 돌로 다시 물통을 만들게 했어. 성종은
구리로 만든 물통을 비서실인 승정원에 보내면서 명령했지.

"이것이 신하들이 말한 사치품이다. 지금 깨뜨려 버리지 않는다면, 사람들은 내가 두었다가 나중에 쓰려고 그런다 할 것이니, 하루빨리 부수어 버리도록 하라."

신하들 성화에 구리 물통을 치우긴 했지만, 성종도 화가 많이 났었나 봐.

최고의 시인을
합격시켜라

시는 정말 아름답고
훌륭한 문학이야~

과거 시험도
시 짓기로 바꿔 버릴까?

연산군

네에?!

　연산군은 시를 무척 좋아했대. 그래서 그가 왕으로 있는 동안에는 과거 시험 문제가 시 짓기로 바뀌기도 했어. 시를 잘 쓰는 사람을 관리로 뽑은 거지. 과거 시험의 문제는 원래 성리학 고전을 중심으로 한 논술 형태였어. 연산군은 중국에서도 당나라나 송나라 때 '시 짓기'로 인재를 뽑았다며 자신의 주장을 펼쳤지.

하지만 신하들은 강하게 반대했어. 신하들은 거의 유학자였거든. 연산군은 반드시 성리학 고전으로만 과거 시험을 봐야 한다는 법은 없다며 고집을 꺾지 않았지. 신하들은 연산군을 말리지 못했고, 결국 1504년 갑자년에는 시 짓기로 과거 시험을 치렀지. 하지만 이후 연산군이 왕 자리에서 쫓겨나자, 갑자년 과거 합격자를 모두 불합격한 것으로 만들었대. 합격을 취소해 버린 거야.

연산군은 시를 좋아했던 만큼, 자신도 많은 시를 지었어. 왕 자리에서 쫓겨난 후 수많은 그의 시가 불태워지고 없어졌지만, 지금도 120여 편의 시가 《연산군일기》에 남아 전해지고 있단다.

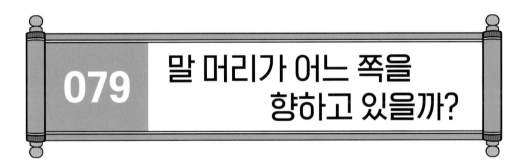

079 말 머리가 어느 쪽을 향하고 있을까?

연산군을 몰아내는 중종반정이 성공할 때까지 진성대군은 자신이 왕이 될 것을 모르고 있었어. 반정군은 진성대군을 보호하기 위해 대군의 집을 둘러쌌지. 진성대군은 자신의 집으로 몰려온 군사들을 보고 놀라서 목숨을 끊으려 했대. 왕조 시대에 왕이 되지 못한 왕자는 항상 불안하게 살아야 했어. 언제 역모에 말려들지 모르기 때문이야. 더구나 연산군처럼 사나운 왕 아래서는 말할 것도 없었지. 진성대군 입장에서는, 자신도 모르는 역모

에 휩쓸려 모진 고문을 당하고 처참하게 죽을 것이라면 차라리 스스로 목숨을 끊는 게 낫겠다고 생각한 거야. 그런데 부인이 진성대군의 옷자락을 붙들고 말렸어.

"군사의 말 머리가 우리 집을 향하고 있다면 우리를 잡으러 온 것이지만, 말 꼬리가 집을 향하고 있다면 대군을 보호하려는 것입니다. 이를 확인하고 죽어도 늦지 않을 것입니다."

확인해 보니, 과연 군사들이 탄 말의 꼬리가 집을 향하고 있었대. 부인의 지혜로운 판단 덕분에 진성대군은 목숨을 건질 수 있었어. 이후 진성대군은 임금인 중종이 되고 부인은 단경왕후가 되었어.

단경왕후는 왕비 책봉 7일 만에 쫓겨나고 말았대. 단경왕후의 아버지가 반정에 반대했기 때문이야.

080 나뭇잎에 쓰인 글씨

반정으로 왕이 된 중종은 자신을 왕으로 만들어 준 공신들 때문에 기를 펼 수 없었어. 또한 갑자기 왕이 되는 바람에 나랏일에 대해 제대로 배우지 못했고 자신을 도와줄 사람들도 없었지. 그래서 처음에는 공신들이 하라는 대로 할 수밖에 없었어. 몇 년이 지나자, 공신들은 죽거나 늙어서 힘이 약해졌지. 그 틈에 중종은 자신을 도와줄 사람으로 조광조를 불러 들였어. 조광조는 사림파이니 훈구파인 공신들에 맞서줄 것이라 생각했지. 또 중종은 유교 사상을 잘 아는 철학자로서, 유교를 바탕으로 나라를 다스리고 싶었어. 그런 자신을 도와줄 사람으로는 조광조가 딱 알맞았던 거야.

중종은 조광조가 주장하는 대로 여러 가지 개혁을 했어. 백성들에게 유교 교리를 알리기 위해 전국에 '여씨향약'이라는 제도를 실시했지. 향약은 백성

들이 스스로를 다스리기 위해 만든 규칙이야. 이런 규칙을 따르면서 백성들은 자연히 유교 교리를 배우게 되는 거지. 또 일반적인 과거 외에도 추천을 통해 인재를 뽑는 현량과라는 특별 시험을 만들었지. 중종은 마음이 잘 맞는 조광조와 함께 개혁을 훌륭하게 펼쳐 나가는 듯했어.

그런데 대학자 조광조에게도 단점은 있었지. 그는 성격이 너무 거세고 급했을 뿐 아니라, 다른 사람의 잘못은 조금도 용서하지 않았어. 중종에게도 잔소리를 늘어놓았지. 이런 단점 때문에 조광조에게는 적이 많아졌어. 훈구파는 물론, 조광조를 불러들인 중종마저 결국 그를 미워하게 되었단다. 그런 중종의 마음을 눈치챈 훈구파는 조광조를 몰아낼 계획을 세웠어.

어느 날, 중종의 후궁이 나뭇잎 하나를 가져와 중종에게 보여 주었어. 그 나뭇잎에는 벌레가 갉아 먹은 자국이 있었는데, '走肖爲王(주초위왕)'이라는 글자를 만들고 있었지. 네 글자 중 '走(주)'자와 '肖(초)'자를 합하면 '趙(조)'자가 되는데, 이는 바로 '조씨가 왕이 된다'라는 내용이었어. 당시 가장 큰 힘을 발휘하고 있던 사람이 조광조였으니 여기서 말한 조씨가 조광조라는 것은 쉽게 추측할 수 있었지. 그런데 이 글자는 사실 하늘이 만든 일이 아니라 사람이 만든 일이야. 누군가 나뭇잎에 꿀로 글자를 써서 벌레들이 꿀 주변을 갉아 먹게 한 거지. 중종은 이 말도 안 되는 나뭇잎을 증거물 삼아 조광조와 그 주변 인물들을 잡아 가두고 죽여 버렸대. 이 사건이 조선 4대 사화 중 하나인 기묘사화란다.

99퍼센트가 모르는 역사 지식

조광조를 몰아내면서 중종의 개혁 정치도 끝이 났어. 비록 개혁은 실패로 끝났지만, 조광조의 영향은 조선 사회에 오랫동안 남아 퇴계 이황, 율곡 이이 등의 유학자들에게로 이어졌단다.

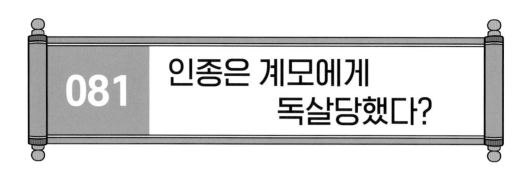

081 인종은 계모에게 독살당했다?

　인종은 태어나자마자 친어머니를 잃었어. 그래서 계모인 문정왕후 손에서 자랐지. 인종은 문정왕후에게 최선을 다해 효도했고, 그 마음은 임금의 자리에 오른 후에도 변하지 않았어. 그런데 대비가 된 문정왕후는 인종에게 자신과 아들 경원대군을 언제 죽일 거냐는 억지소리를 하면서 인종을 괴롭

혔지. 조선 시대에는 왕이 되지 못한 왕의 형제는 기를 펴지 못하고 조용히 살아야 했어. 자칫하면 역적모의로 목숨을 잃을 수도 있기 때문이야. 인종은 문정왕후를 미워하지 않고 오히려 어머니 마음을 편하게 해 드리지 못하는 자신을 탓했다고 해.

인종은 자식 한 명 남기지 못하고 일찍 세상을 떠났어. 그런데 그의 죽음에 문정왕후가 관련되어 있다는 얘기가 있어. 대비전에 문안을 간 인종에게 문정왕후가 독이 든 떡을 내놓았다는 거야. 이 떡을 먹은 인종은 얼마 못 가 앓아누웠고, 끝내 일어나지 못하고 세상을 떠났지. 인종은 한창 더울 때 앓아누웠는데, 의원들은 인종이 더위와 몸속의 열 때문에 병이 났다고 했어. 그래서 시원하고 조용한 곳으로 옮기라고 했지. 창덕궁에서 살던 인종은 경복궁 청연루로 거처를 옮기게 되었어. 그때가 인종이 세상을 떠나기 닷새 전이었지. 경복궁으로 옮긴 후 인종의 병은 조금 낫는 듯했어.

그때 문정왕후는 창경궁에 있었는데, 인종의 문병을 가겠다고 나섰어. 경복궁 가까이 사는 큰딸 의혜 공주의 집에도 들른다고 했지. 그러자 대신들은 대비가 한밤중에 갑자기 외출하면 백성들이 매우 놀란다는 이유로 문정왕후를 말렸어. 그래서 문정왕후는 문병은 그만두고 공주의 집에만 다녀오겠다며 궁궐을 나섰지. 대신들은 더 말리지 않았는데, 사실 그들도 인종이 문정왕후를 피해서 궁궐을 옮겼다고 생각하고 있었던 거야. 그런데 옮긴 곳까지 문정왕후가 쫓아간다니 말릴 수밖에 없었어. 만약 대비의 갑작스러운 외출이 정말 문제였다면 공주의 집에 가는 것도 말렸겠지. 그런데 문병만 못 하게 한 걸 보면 인종과 문정왕후가 만나는 걸 막았던 게 아닐까 싶어.

인종은 세상을 떠나기 이틀 전, 자신의 죽음을 예감하고 문정왕후의 아들인 경원대군에게 임금의 자리를 물려주라는 유언을 했어. 유언을 하던 날, 인종은 임금의 옷을 제대로 갖춰 입지도 않고 대신들을 만나기 미안하다며 자리에서 일어나려 했어. 하지만 뼈만 남아 앙상해진 인종은 가쁜 숨을 내쉬며 쓰러지려 했지. 인종이 위독하다는 이야기를 들은 백성들은 밤새워 대궐 문 앞을 지켰단다. 인종이 세상을 떠난 후, 백성들이 울며 슬퍼하는 것이 마치 제 부모를 잃은 것 같았다는 기록도 있대.

082 정치 싸움이 된 감정 싸움

당쟁은 김효원과 심의겸 사이의 갈등에서 시작되었어. 명종의 왕비 인순왕후의 동생이던 심의겸은 당시 최고의 권세를 누리던 윤원형의 집에 간 적이 있었어. 그런데 과거를 준비하는 김효원이 그곳에서 산다는 이야기를 들은 심의겸은 속으로 추하다고 여겼어. 김효원이 관직에 나가기 전부터 권세에 빌붙어 산다고 생각한 거지.

김효원이 과거에 장원 급제했을 때, 심의겸은 김효원이 윤원형의 집 책방

에 머물렀다는 이야기를 우연히 다른 사람들에게 했어. 이 말은 금세 선비들 사이에 퍼져나갔고, 김효원은 2~3년간 좋은 자리에 오르지 못했지. 하지만 김효원은 스스로 청렴하고 성실한 사람임을 증명해 보였어. 김효원은 이조 전랑이라는 중요한 관리가 되었고, 성실하게 일해서 주변 사람들에게도 칭찬을 들었지. 심의겸도 자신이 함부로 말한 것을 후회했어. 그러던 중 심의겸의 동생 심충겸이 전랑에 추천되는 일이 생겼는데, 김효원이 반대하고 나섰어. 심충겸이 왕비의 동생이었기 때문이야.

그런데 이 일은 사람들 사이에서 논란거리가 되었고, 급기야 김효원의 행동이 옳다 혹은 그르다고 말하는 사람들로 패가 나뉘었지. 이때 김효원의 집은 도성 동쪽 건천동에, 심의겸의 집은 도성 서쪽 정동에 있었기 때문에 사람들은 이 두 세력을 동인과 서인으로 나누어 부르기 시작했어. 이렇게 처음에는 단순한 감정 대립과 사소한 의견 차이로 시작된 당파는 나중에 조선 사회에 커다란 영향을 끼치게 되었단다.

083
목숨으로 지킨 신하의 의리

1592년, 임진왜란이 일어났어. 일본은 20만 명의 병력을 이끌고 새벽 안개를 틈타 바다를 건너온 다음, 부산진을 하루 만에 함락시켰지. 동래부사 송상현은 왜적이 바다를 건넜다는 소문을 듣고 지역 안의 주민과 군사, 이웃 고을의 군사들까지 불러 성을 지켰어. 부산진이 함락되었다는 소식을 듣고 겁을 먹은 일부 장수들은 어쩔 줄 몰라 하며 도망가려는 핑계만 찾았지. 왜적은 동래성 남문 밖에 다음과 같이 쓴 나무패를 세웠어.

'싸우고 싶으면 싸우고, 싸우고 싶지 않으면 길을 빌리자.'

그러나 송상현은 '싸워 죽기는 쉬우나, 길을 빌리기는 어렵다'라는 패를 내걸어 죽어도 싸우겠다는 뜻을 밝혔어. 성이 마침내 포위되고, 송상현이 남문에 올라가 전투를 지휘했지만 반나절 만에 함락되었지. 하지만 그는 죽

을 때까지 갑옷 위에 관복을 입고 의자에 앉아 움직이지 않았대. 자신이 조선의 관리이며 임금의 신하임을 끝까지 포기하지 않은 거야.

99퍼센트가 모르는 역사 지식

성이 함락되기 직전, 송상현은 '달무리처럼 포위 당한 외로운 성, 많은 수의 구원병은 오지 않는데, 군신의 의리는 중하고 부자의 은혜는 가벼워라'라고 쓴 부채를 아버지에게 전했다. 임금에게 충성을 다하기 위해 부모보다 먼저 죽는 불효를 저지를 수밖에 없다는 유서였지.

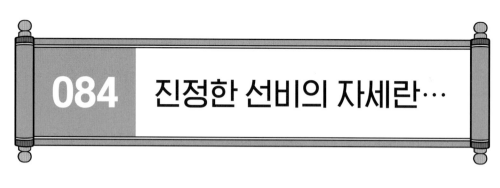

084 진정한 선비의 자세란…

퇴계 이황과 비슷한 시기에 살았던 남명 조식은 공부를 많이 한 선비였어. 하지만 그는 일생 동안 벼슬에 나가지 않았어. 그가 살았던 시기에는 선비가 재앙을 당하는 경우가 많아 자신의 뜻을 제대로 펼 수 없었기 때문이야. 그래서 조식은 오로지 학문 연구와 제자 교육에만 힘쓰기로 한 거지. 그에 비

해 이황은 여러 벼슬을 지냈어. 하루는 임금이 벼슬을 내렸는데 조식이 또 사양하자 이황은 조식에게 편지를 보냈어. 벼슬하지 않는 것은 임금에 대한 의리를 지키지 않는 일이라는 내용이었지.

이 편지를 받은 조식은 눈병이 나서 벼슬을 할 수 없으니 눈병 치료약인 발운산을 구해줄 수 없겠느냐고 답장을 보냈어. 왜 하필 눈병이냐고? 이황이 세상 돌아가는 것을 제대로 보지 못한다고 비꼰 것이지. 그러자 이황은 발운산이 아닌 '당귀'를 구하는 중이라고 답장을 보냈어. 당귀는 약초인데, 이름을 그대로 풀이하면 '당연히 돌아가야 한다'라는 뜻이야. 자신도 곧 고향으로 돌아간다는 얘기지. 그 당시에는 벼슬을 하지 않는 것이 선비의 올바른 자세라고 생각했나 봐.

085 왕이 태어나는 집터

광해군은 선조의 둘째 아들이고 정원군은 다섯째 아들로, 둘은 형제야. 경희궁은 원래 정원군 개인의 집이었지. 그런데 그 시절 정원군의 집에 왕의 기운이 서린다는 소문이 돌았어. 그래서 광해군은 그 집을 빼앗아 그 자리에 궁궐을 지었지. 궁궐이 아닌 개인의 집에서 왕이 나온다는 말은, 그 집에서 역적이 나온다는 말과 같았거든. 광해군의 입장에서는 역적이 나와 왕

실을 위협하고 세상을 어지럽히는 걸 막으려 한 거야.

광해군과 정원군은 사이가 좋지 않았어. 몇몇 신하가 정원군의 아들 능창군을 임금으로 모시려는 사건이 일어났거든. 그 사건 때문에 능창군이 스스로 목숨을 끊었고, 정원군은 결국 화병으로 세상을 떠났어. 그래서 능창군의 형 능양군에게 큰아버지 광해군은 용서할 수 없는 원수가 된 거야. 그런데 정원군의 집터는 정말 '왕기가 서린 곳'이었나 봐. 결국 그 터에서 태어난 능양군이 인조반정을 통해 임금이 되었고, 쫓겨난 임금 광해군은 그 궁궐에서 살아 보지도 못했으니 말이야.

086 칼 씻으며 의지를 다지다

결전의 날이다!

칼 씻으러 오셨나요?

개굴

참방

참방

　광해군을 몰아내고 인조를 왕으로 만든 사건이 인조반정이야. 이를 주도한 사람 중 하나인 이귀는 반정을 일으키기 1년 전, 평산부사를 맡고 있었어. 그는 평산 지방에 호랑이가 자주 나타나니 호랑이를 사냥하는 군사들이 무장한 채로 도 경계를 넘나들 수 있도록 해 달라고 상소를 올렸지. 무장한

177

채로 한양까지 갈 수 있게 준비한 거야. 그런데 그들의 계획이 일찍 탄로나 버려서 더 이상 미룰 수 없었지.

1623년 3월 13일 새벽녘, 700명의 반정군은 홍제원에 모였어. 그런데 대장을 맡기로 한 김류가 나타나지 않는 거야. 반정군은 술렁거렸어. 안 그래도 반정에 실패할까 불안한데 대장까지 나타나지 않으니 그럴 만도 했지. 그때 대신 대장으로 나선 사람이 이괄이야. 흩어지려는 반정군을 이괄이 다시 정비하고 있을 때 김류가 나타났지. 망설이다가 뒤늦게 온 거야. 다시 총대장을 맡은 김류가 이끄는 반정군은 그제서야 광해군이 있는 창덕궁으로 진격할 수 있었어. 가다가 개울물이 나오자 반정군은 그 물에 칼을 씻으며 결전의 의지를 다졌지. 그래서 나중에 그곳에 '칼을 씻은 정자'라는 뜻의 세검정이 세워졌어.

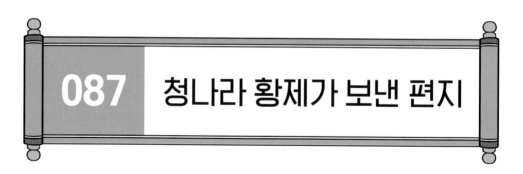

087 청나라 황제가 보낸 편지

청나라의 태종은 12만 명의 군사를 이끌고 조선을 침략했어. 이것이 바로 병자호란이지. 이때 청 태종은 조선의 임금 인조에게 편지를 보내왔어.

너희 나라가 산성을 많이 쌓았으나,

내 당당히 큰 길을 따라갈 것이니 산성에서 나를 막을 것이냐?

너희 나라가 강화도를 믿는 모양이나,

내가 조선 팔도를 짓밟을 때 조그만 섬에서 임금 노릇을 하고 싶으냐?

너희 나라 관리가 모두 선비이니 붓을 쌓아서 나를 막을 것이냐?

인조가 48일 동안 남한산성으로 피해 있을 때도 청 태종은 여러 차례 편지를 보냈지. 자신들을 무시한 것에 대해, 약속을 지키지 않은 것에 대해 화내고, 그래서는 안 된다고 가르치는 내용의 편지였어. 조선이 청나라를 많이 무시했나 봐. 그래서 편지에 '우리가 무엇이 너희보다 못 하리오?'라는 말을 되풀이했지.

이런 편지를 받은 인조는 어떤 답장을 했을까? 조선을 '작은 나라'라고 스스로 낮추고, 최대한 예의를 갖춰 청 태종의 비위를 거스르지 않으려 애를 썼지. 그러면서 그냥 군사를 거두어 주기를 간청하는 내용의 편지를 보냈어. 이렇게 금세 스스로 낮출 것이면서 왜 청나라를 무시했던 걸까?

088 상복을 둘러싼 싸움

효종이 세상을 떠나자, 그의 어머니인 자의대비가 얼마 동안 상복을 입느냐로 남인과 서인이 싸우기 시작했어. 효종은 자의대비의 둘째 아들이야. 그래서 서인들은 1년 동안 상복을 입어야 한다고 주장했어. 그런데 남인들은 3년 동안 상복을 입어야 한다고 했지. 효종은 왕이었기에 장남처럼 대우해야 한다는 거야. 일단은 서인의 의견을 들어 1년 동안 상복을 입기로 했어. 그런데 몇 년 후, 이번에는 효종의 왕비가 세상을 떠났어. 그러자 시어머니인 자의대비가 상복을 얼마 동안 입을 것인가가 다시 문제가 되었지. 이번에는 남인의 주장이 받아들여졌고 반대 의견을 낸 서인 여러 명이 귀양을 가고 옥에 갇히기도 했어.

　얼핏 보기에는 참으로 쓸데없는 싸움 같아 보이지? 상복을 1년 동안 입든 3년 동안 입든 그게 뭐 그리 중요하다고 죽기 살기로 매달렸을까? 그런데 이는 중대한 정치적 문제였어. 둘째 아들인 효종이 왕위를 계승한 것이 정당한지 아닌지를 따지는 데까지 이르렀으니까. 만약 효종의 왕위 계승이 정당하지 못하다면, 그 뒤를 이은 현종도 떳떳한 왕이 될 수 없잖아. 보통 심각한 문제가 아니었지. 이 사건을 두 차례에 걸친 예송 논쟁이라고 해.

089 《조선왕조실록》의 최다 출연자

송시열, 송시열, 송시열, 송시열….
《조선왕조실록》에 이 사람 이름이
3000번 이상 적혀 있어!

조선은 문화 민족!
청나라는 야만국!

　서인의 대표 인물이었던 송시열은 《조선왕조실록》에 이름이 가장 많이 등장한 사람이라고 해. 무려 3000번 이상이나 이름이 실렸을 정도란다. 이 사실만으로도 당시 그가 여러 가지 문제에서 얼마나 치열하게 논쟁했는지 알 수 있겠지?

　송시열은 효종 때 북벌에 앞장선 사람이기도 해. 그는 병자호란으로 무너진 조선의 자존심을 회복하려 노력했어. 그래서인지 그는 예송 논쟁에서 한

발자국도 양보하지 않으려 했지. 문화 민족인 조선은 상복 하나 입는 것도 엄격한 예법을 따른다는 것을 청나라에게 보이고 싶었던 거야. 송시열은 청나라를 야만인의 나라라고 생각했거든.

그는 수많은 사건에 휘말려 관직에서 물러났다가 다시 돌아오기를 반복했어. 숙종 때는 장희빈의 아들이 세자로 책봉되자, 이를 반대하는 상소를 했지. 이 일로 제주도로 귀양을 갔던 송시열은 다시 심문을 받기 위해 서울로 오는 도중, 전라북도 정읍에서 사약을 받았어.

090 56년 동안 싸우게 된 사연

문묘는 유학의 시조인 공자를 모신 사당이야. 그곳에 훌륭한 유학자의 위패를 모시는 것이 문묘 종사이지. 문묘에 모셔지려면 그 학자가 유학을 발전시키는 데 큰 공헌을 했다고 인정받아야 했어. 그런데 한번 문묘에 모셔진다고 해서 그 자리를 계속 지킬 수 있었던 건 아니야. 이이와 성혼의 문묘 종사가 가장 큰 혼란을 겪었지. 이 문제가 늘 당파 싸움에 휘말렸기 때문이야.

서인은 오랫동안 두 사람의 문묘 종사를 주장해 왔어. 그런데 남인과 서인의 권력 다툼 속에서, 이이와 성혼의 위패는 문묘에 모셔졌다가 밀려났다

가 다시 모셔지는 수난을 겪어야 했지. 서인이 권력을 잡으면 두 사람의 위
패는 문묘에 모셔지고 남인이 권력을 잡으면 밀려나고 이렇게 말이야. 그러
는 동안 대학자를 문묘에 모신다는 성스러운 의미는 사라지고 정치적 투쟁
의 주제로만 남게 되었어. 성균관 유생들이 당파별로 시위를 벌이고 등교를
거부하는 일도 빈번히 일어났지. 56년 동안 계속된 이 싸움은 이이와 성혼
의 위패를 문묘에 모시는 것으로 숙종 때 마무리되었어.

영조는 형을 독살했을까?

아이고…
배가 너무
아프구나.

몸에 좋은
인삼차이옵니다.

잠깐,
그 차는…!

경종

연잉군
(영조)

　숙종의 뒤를 이은 경종은 건강이 매우 안 좋았어. 나랏일을 제대로 할 수 없을 정도였지. 그에게는 뒤를 이을 아들도 없었어. 그래서 당파 중 노론은 동생 연잉군을 후계자로 삼으라고 경종에게 졸랐지. 반대파인 소론은 양자를 들여 후계자로 삼자고 했어. 연잉군의 어머니가 천한 출신이어서 왕으로 모시기 싫다는 거야. 그러나 왕실의 최고 어른이었던 대비 덕분에 연잉군은 경종의 후계자가 되었어.

경종이 세상을 떠난 후, 연잉군이던 영조가 왕위에 올랐어. 하지만 영조는 즉위 초부터 형 경종을 독살했다는 소문에 시달렸지. 경종은 연잉군이 올린 게장과 연시를 먹고 탈이 났다는 거야. 의관이 말리는데도 불구하고, 연잉군은 아파하는 경종에게 인삼차를 마시게 했대. 그 음식들이 경종을 죽게 했다는 거지. 만일 정말 영조가 형 경종을 독살했다면, 영조는 왕은 물론 인간으로서도 기본 자격이 없는 인물이 되는 거야. 그래서 당시 영조는 이 소문을 잠재우기 위해 무척 애를 써야 했어.

092 정신병을 앓았던 세자

어릴 때 유난히 똑똑했던 사도세자는 아버지 영조의 기대를 한몸에 받았어. 그런데 자라면서 영조의 뜻과는 다른 방향으로 나아가자, 영조는 사도세자를 미워했지. 그런 상황을 눈치챈 남인과 노론은 아버지와 아들 사이를 이간질하기 바빴어. 정치적으로 이용하기 위해 사도세자가 하지 않은 이야기까지 꾸며내서 영조에게 일러바쳤지. 영조는 그때마다 세자를 불러 크게

꾸짖었어. 기대가 컸던 만큼 실망도 컸던 거야.

그래서인지 사도세자는 정신병을 앓게 되었어. 여러 가지 증상이 나타났는데, 그중 가장 심한 건 의대증이라는 병이었어. 이는 옷을 입기가 어려운 병으로, 옷 한 벌을 입으려면 서너 벌을 찢어야 했지. 옷을 입히기 위해 시중들던 자신의 후궁을 죽이는 일도 일어났어. 사도세자의 이상 행동은 그 후에도 계속되었대. 궁궐 안에 굴을 파고 그 안에 들어가 있거나, 몰래 평안도에 다녀오기도 한 거야. 영조는 결국 사도세자를 뒤주에 가둬서 죽게 했어. 너무 슬픈 일이지?

책만 읽는 바보

정조 때 사람 이덕무는 스스로를 '책만 읽는 바보'라고 일컬었어. 그는 책 읽기를 정말 좋아해 평생 2만 권이 넘는 책을 읽었다고 해. 심지어 눈병이 나도 독서를 쉬지 않고 실눈으로 책을 읽었대. 그런데 이덕무의 집은 너무도 가난했어. 그가 책만 열심히 읽고 있었기 때문이지. 어느 날, 이덕무는

너무도 배가 고파 참을 수가 없었어. 책을 읽으면 배고픔도 사라진다고 말했던 그도 참는 데 한계가 있었던 모양이야. 이덕무는 집에 단 한 권 남아 있던 책《맹자》를 가지고 나가 팔았지. 사실 이덕무는 이미 책의 내용을 모두 머릿속에 넣었기 때문에 아낌없이 책을 팔아 치울 수 있었어. 그때는 책이 참 귀했던 때여서, 책을 판 돈으로 쌀을 살 수 있었단다.

오랜만에 배불리 밥을 먹은 이덕무는 친구 유득공을 찾아가 자랑을 했지. 그러자 유득공은 자기 집에 있던《좌씨전》을 팔아서 술을 사 왔어. 두 사람은 술을 마시며 팔아 버린 책의 내용에 대해 토론을 했대. 그리곤 "맹자가 밥을 사 주고 좌씨가 술을 사 주니, 이 얼마나 좋은 일인가"하며 즐거워했다고 해.

그런 이덕무가 뒤늦게 벼슬을 얻게 되었어. 이덕무의 책 읽는 소리를 좋아했던 정조가 그에게 규장각 검서관이라는 관직을 내려준 거야. 아마 소리 때문만은 아니었을 거야. 책을 그렇게 많이 읽었으니 아는 것도 얼마나 많았겠어? 세월이 흘러 이덕무가 세상을 떠나자, 정조는 그 자리를 이덕무의 아들이 이어받을 수 있게 해 줬어. 아주 훌륭한 유산을 남긴 셈이지. 그 유산은 이덕무의 아들뿐만 아니라 정약용 등 많은 실학자에게도 이어져 커다란 도움이 되었단다.

99퍼센트가 모르는 역사 지식

규장각은 지금의 국립 도서관과 같은 곳이야.

짜증나는 신하들 얘기를
편지에 전부 적어 버려야지!
그럼 속이 좀 풀릴 것 같군.

이런!
쓰다 보니 벌써
동이 트네.

쟁
쟁

정조는 어려운 일이 있을 때마다 심환지라는 신하에게 비밀 편지를 보냈
어. 그런데 그 편지에는 다른 신하들에 대한 이야기도 많이 담겨 있었지. 노
론 대신인 서영보를 '후레자식'으로, 촉망받던 젊은 학자 김매순을 '젖비린
내 나고 사람 꼴을 갖추지 못한 놈'이라 욕하고, '늙고 힘없는 서매수', '어둡
고 졸렬한 김의순', '약하고 물러터진 이노춘' 등 신하들의 흉을 보느라 밤이

깊어가는 줄도 몰랐던 모양이야. 그러다가 '놈들이 한 짓에 화가 나서 밤에 이 편지를 쓰느라 거의 새벽이 되었다. 내 성품도 별나니 우스운 일이다'라고 반성하기도 했어.

세상을 떠나기 열흘쯤 전, 정조는 고통을 호소하는 편지를 보내기도 했어. '뱃속의 뜨거운 기운이 올라오기만 하고 내려가지는 않는다. 여름 들어서는 더욱 심해져 그동안 차가운 약제를 몇 첩이나 먹었는지 모르겠다. 항상 얼음물을 마시거나 차가운 장판에 등을 붙인 채 잠을 이루지 못하고 뒤척이는 일이 모두 고생스럽다'라는 내용을 보면 정조는 남모를 병으로 서서히 죽어 가고 있었던 거야.

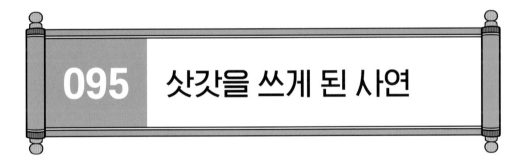

095 삿갓을 쓰게 된 사연

못된 관리들 때문에 굶주리고 학대받던 백성들은 민란을 일으키기 시작했지. 평안도에서 난을 일으킨 홍경래는 왕조를 바꾸고 새로운 세상을 만들려고 했어. 하지만 실패하고 말았지.

얼마 후, 김병연이라는 사람이 영월의 과거 시험에서 1등으로 뽑혔어. 홍경래의 난 때 반란군에게 쉽게 항복한 선천부사 김익순을 비판한 글을 쓴 거

야. 그런데 김병연은 그 김익순이 바로 자신의 할아버지였다는 걸 알게 되었어. 당시 역적이 된 김익순은 물론이고 아들과 손자까지 모두 죽임을 당하게 되었는데, 한 하인의 도움으로 어린 손자였던 김병연은 목숨을 구할수 있었던 거지. 어머니에게 그런 이야기를 들은 김병연은 벼슬을 포기하고 삿갓을 쓴 채 방랑길에 올랐어. 조상을 욕되게 한 죄인이니 다시는 하늘을 우러러보지도 않고 얼굴도 내보이지 않겠다면서 말이야. 글솜씨가 좋았던 김삿갓은 전국을 다니며 부패한 사회와 못된 관리들을 꾸짖는 작품을 여러 편 남겼단다.

어제의 농사꾼은 내일의 왕

사도세자에게는 정조 말고도 후궁이 낳은 아들 세 명이 더 있었어. 은언군, 은신군, 은전군이지. 농부 출신 왕으로 알려진 철종은 은언군의 손자야. 그런데 왕족인 그가 왜 강화도에서 농사를 지으며 살았을까? 정조가 임금 자리에 오르는 것을 막으려던 세력이 은전군을 새 후계자로 모시려 한 일

이 있었어. 이 일이 발각되어 은전군은 스스로 목숨을 끊었고, 제주도에 귀양 갔던 은신군은 병으로 죽었지. 강화도로 귀양 갔던 은언군에게도 아들이 셋 있었는데, 큰아들은 반란을 일으키려 한 죄로 몰려 스스로 목숨을 끊었어. 그 일로 은언군 부부와 며느리까지 사약을 받았고, 손자 원경은 또 다른 역모에 걸려 역시 사약을 받고 죽었지. 원경의 동생 원범이 바로 '강화도령' 철종이야.

주변 사람들이 짓지도 않은 죄에 말려들어 죽는 것을 본 원범은 공부를 하지 않기로 했어. 그냥 강화도에 숨어서 농사를 지으며 살기로 했지. 그러다 헌종이 세상을 떠난 후, 그 뒤를 잇기 위해 창덕궁으로 불려 왔어. 왕 자리에 올랐을 때 강화도령 원범의 나이는 열아홉 살로 이미 어른이었지. 하지만 이제껏 공부를 한 적이 없다는 이유로 2년 동안은 나라를 다스리는 데 대비의 도움을 받아야 했어.

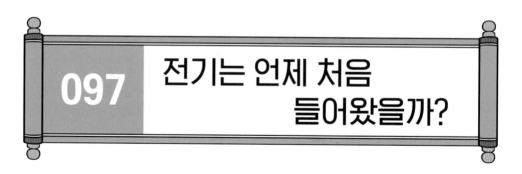

097 전기는 언제 처음 들어왔을까?

조선에 전기가 처음 들어온 것은 1887년이었어. 미국에서 새로운 문물을 보고 온 사신이 전기를 설치하자고 건의한 거야. 고종은 미국 공사에 부탁하여 전기를 켜기 위한 모든 시설을 에디슨 전기 회사에 주문하게 했어. 에

디슨 전기 회사에서는 장비와 함께 멕케이라는 기사를 보내 주었대. 그리고 경복궁에 있는 향원지 연못의 물을 끌어들이고 석탄을 이용해 발전기를 돌릴 수 있게 되었지. 지금도 향원지 근처에는 전기 발상지를 알리는 비석이 서 있단다.

드디어 경복궁에 전깃불이 켜졌어. 그런데 전깃불이 꼭 좋은 것만은 아니었지. 밤에도 불이 환하니 궁녀들이 잠을 못 자겠다고 불평했고, 발전기를 식힌 물이 향원지에 흘러들어 물고기가 떼죽음을 당하기도 했어. 게다가 에디슨 회사에서 보내온 설비도 최고급에, 계속 발전기를 돌리다 보니 운영

비도 많이 들었지. 그래서 '물고기가 삶아지고 나라가 망한다'라는 말이 돌기도 했어.

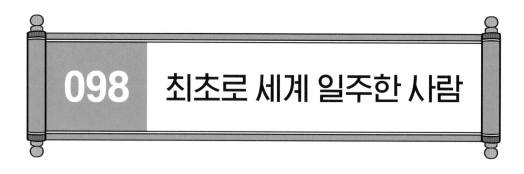

098 최초로 세계 일주한 사람

우리 역사상 처음으로 세계 일주를 한 사람은 조선의 관리 민영환이야. 여행의 목적은 러시아 황제 니콜라이 2세의 대관식 참석이었지. 1896년 4월 1일 제물포항을 떠난 민영환 일행은 중국, 일본, 캐나다, 미국, 영국, 네덜란드, 독일, 폴란드를 거쳐 러시아에 도착했어. 그런데 돌아올 때는 시베리아를 횡단하였으니 지구를 한 바퀴 돈 셈이지.

돌아올 때 그들은 일단 시베리아 횡단 열차에 탔어. 그런데 그때 횡단 철도는 시베리아의 중간까지만 개통되어 있었대. 이후 그들은 마차를 타야 했

어. 마차가 달리는 길 양쪽에는 하늘을 찌를 듯한 나무가 울창했고, 길은 진흙투성이였지. 바이칼 호수는 화륜선을 타고 건넜어. 화륜선은 증기기관으로 물레바퀴 모양 추진기를 돌려 움직이는 배야. 장작을 때서 동력을 얻기 때문에 곳곳에서 장작을 실어야 했지. 이렇게 마차로, 배로, 기차로 갈아타며 민영환 일행이 제물포에 도착한 날은 10월 18일이야. 조선을 떠난 지 6개월 만에, 모스크바를 떠난 지 두 달 만에 조선에 도착한 것이지.

099

고을도 벌을 받는다?

조선 시대 한반도에는 8도가 있었어. 경기도, 강원도, 충청도, 전라도, 경상도, 함경도, 평안도, 황해도였지. 지금의 제주도는 전라도에 포함되어 있었대. 원래 도 이름은 그 지역의 대표 고을 이름의 앞글자를 따서 짓는다는 사실을 아니? 강원도는 강릉과 원주, 전라도는 전주와 나주, 경상도는 경주

와 상주, 충청도는 충주와 청주, 황해도는 황주와 해주, 평안도는 평양과 안주, 함경도는 함흥과 경성의 앞글자를 따는 식이었지. 경기도는 서울과 근처 지역을 나타내는 글자를 딴 이름이야. 서울은 '경(京)'이라는 한자를 쓰고, 궁궐 주위 200킬로미터 이내의 지역을 '기(畿)'라고 했거든.

그런데 조선 시대에는 팔도의 이름들이 자꾸 바뀌었어. 충청도는 충공도, 청공도, 공청도, 공홍도, 홍충도, 충홍도, 공충도 등 무려 열여섯 번이나 이름이 바뀌었대. 이름에서 알 수 있듯이 충주와 청주 대신 공주와 홍주(홍성의 옛 이름)가 수령 고을이 된 적도 많았어. 전라도도 전광도, 전남도 등으로 바뀌었어. 전주, 광주, 남원 등의 이름을 딴 거지.

왜 이런 일이 일어난 걸까? 조선 시대에는 한 고을에서 반란이 일어나거나 커다란 문제가 생기면 그 고을의 지위를 떨어트렸어. 만약 어떤 사람이 큰 죄를 저지르면 그 사람이 살고 있거나 고향인 고을까지 벌을 받는 셈이지. 예전에는 나쁜 사람이 태어나거나 살던 자리에서 또다시 나쁜 사람이 나온다고 믿었거든. 그리고 지금의 시, 군, 구처럼 예전에도 지역을 나누는 단위가 있었어. 청주목처럼 '목' 정도는 되어야 대표 고을이 될 수 있었지. 그런데 만일 청주목에서 문제가 생기면, 서원현처럼 '현'으로 고을의 지위가 떨어지는 거야. '목'에서 '현'이 된다면 대표 고을의 자격도 잃게 되겠지? 이런 경우에 도 이름도 바뀌곤 했단다.

하지만 일본으로 가는 길에 있는 경상도와 중국으로 가는 길에 있는 평안도는 두 나라와의 외교 문제 때문에 도 이름을 바꾸지 않았대. 도 이름이 자꾸 바뀌면 다른 나라 사람들이 볼 때 헷갈릴 수 있잖아. 평안도에서는 '홍경래의 난'이라는 엄청나게 커다란 민란이 일어났는데도 도 이름을 바꾸지 않았지. 또, 이름이 바뀌었다고 바뀐 대로 계속 두는 것은 아니야. 고을의 지위를 떨어트린지 10년이 지나면 그 지위를 다시 돌려주기도 했어. 고종 때 '서원현'이라고 떨어트렸던 고을 이름을 '청주목'으로 되돌리고, 공충도를 충청도로 되돌렸던 기록을 보면 알 수 있지.

7

대한제국
(조선시대 말기)

1897년~1910년

이대로 대한제국의
옥새를 내줄 수는 없다!
내 치마폭에 숨기면
찾아내지 못하겠지….

100

황제의 커피에 독을 타다

황제가 즐겨 마시는 가비(커피)에 아편을 섞으시오!

쓸쓸하면서도 그윽하고 고소하구나.

고종

알겠소. 이걸 마시면 황제는…!

대한제국 시절 김홍륙이라는 사람이 고종 황제와 황태자가 마시는 커피에 독을 타는 사건이 일어났어. 황제와 황태자를 죽이려고 한 거야. 김홍륙은 원래 궁궐에서 벼슬을 하던 사람이었는데, 자꾸 거짓말을 하고 나랏일을 핑계로 백성들의 재물을 빼앗기도 했지. 그래서 화가 난 고종은 김홍륙에게 유배라는 벌을 내렸단다.

김홍륙은 자기 잘못을 반성하기는커녕, 황제에게 원한을 품었어. 그는 유배지로 떠나는 길에 공홍식이라는 친구와 잠깐 만났지. 그리고 공홍식에게 아편을 한 움큼 주면서 황제에게 올리는 음식에 섞으라고 시켰어. 아편은 마약의 한 종류로, 많은 양을 먹으면 사람을 죽게 할 수도 있지. 공홍식은 다시 김종화라는 사람에게 큰 돈을 주고 황제에게 올리는 차에 아편을 섞으라고 했어. 김종화는 원래 황제에게 올리는 서양 요리를 만드는 사람이었는데, 일을 잘못해서 쫓겨나는 바람에 황실에 원한을 품었던 거야. 김종화는 바로 아편을 소매 속에 넣고 주방에 들어가서 커피가 들어 있는 찻주전자에 넣었어. 여러 명을 거치긴 했지만, 황제를 죽이려던 김홍륙의 계획이 성공할 뻔했지.

고종 황제는 러시아 공사관에서 커피를 마시기 시작한 이후, 커피를 즐겨 마셨어. 김홍륙 일당은 그런 황제의 취향을 노린 거야. 그 커피를 마시고 고종 황제와 황태자는 당연히 탈이 났어. 의원들이 놀라서 진찰을 하고 약도 지어 올렸지만 쉽게 나아지지 않았대. 황제와 황태자가 한꺼번에 같은 증세를 보이니 신하들도 긴장했고, 두 사람이 먹은 음식을 조사해 보았지. 원래 임금처럼 중요한 인물에게 식사를 올릴 때에는 독이 들어 있는지 늘 살펴보곤 한단다. 그런데 뭔가 소홀히 한 거지. 또, 낯선 음식이었던 커피에 뭔가를 섞었는지 알아내기는 어려웠을 거야.

원인을 밝히기 위해 당시 경무청이라 불리던 경찰까지 나섰어. 결국 김홍륙과 김종화, 공홍식 등이 저지른 짓임이 밝혀졌지. 이 사건으로 나라가 발

칵 뒤집혔고, 김홍륙 일당은 결국 사형을 당했어. 그 뒤부터 고종은 음식에
조심했고, 궁궐에 드나드는 사람들도 더욱 엄격하게 단속했다고 해.

101 옥새를
치마폭에 감춘 황후

이대로 대한제국의
옥새를 내줄 수는 없다!
내 치마폭에 숨기면
찾아내지 못하겠지….

1905년 일본과 대한제국은 한일협상조약을 맺었어. 을사년에 맺은 조약이라 '을사조약' 또는 '을사늑약'이라고도 하는데 '늑약'은 강제로 맺은 조약이라는 뜻이야. 이 조약으로 대한제국은 다른 나라와 외교 활동을 할 수 있는 권리를 빼앗겼어. 또 일본은 '보호'를 핑계로 대한제국의 정치에 참견할 수 있게 되었지. 이때 이미 대한제국은 나라의 주인으로서의 권리를 빼앗긴 거야.

고종 황제는 이 조약이 정당하지 않다고 다른 나라에 호소하려 했어. 그래서 네덜란드 헤이그에서 열리는 만국평화회의에 몰래 사람을 보냈지. 하지만 고종의 사신은 회의에 참석하지 못했고, 이 일 때문에 고종은 황제 자리에서 내려와야 했어. 일본은 대한제국의 외교를 일본에게 맡긴다는 조약을 어겼기 때문에 고종이 그 책임을 져야 한다고 했지.

일본의 강요에 의해 고종 황제가 물러나고, 황태자가 새로운 황제가 되었어. 새 황제 순종은 황후와 함께 창덕궁 대조전에 갇혀 지내야 했지. 대조전은 황후가 사는 집이었어. 황제는 궁궐 안에서도 마음대로 움직일 자유가 없었던 거야.

1910년 8월 22일, 대조전에 붙은 흥복헌이라는 건물에서 대한제국의 마지막 어전 회의가 열렸어. 어전 회의는 황제를 중심으로 열리는 회의야. 일본에게 나라를 넘긴다는 '한일합병조약'이 결정되는 회의였지. 이날 어전 회의에는 대한제국 대신들 외에 황족 대표, 양반 대표들이 참석했어. 회의는 한 시간 정도 진행되었지. 병풍 뒤에 숨어서 회의를 지켜보던 순종의 황후는 나라를 빼앗기는 위급한 상황을 시아버지 고종에게 알리려 했어. 하지만 이미 일본인들이 전화선을 다 끊어 버렸기 때문에, 덕수궁에 있던 고종과 연락이 되지 않았지. 다급한 마음에 황후는 옥새를 내주지 않으려고 치마폭에 감췄대. 옥새는 임금의 권한을 상징하는 도장이야. 황후는 아무리 옥새가 필요하다 해도 황후의 치마 속을 뒤지지는 못할 것이라고 생각한 거지. 하지만 황후는 끝내 삼촌 윤덕영에게 옥새를 빼앗기고 말았어. 옥새를 받아들고 흥복헌을 나온 대신들은 일본 공사관으로 가서 '한일합병조약'에 옥새를 찍었어. 이 조약은 1910년 8월 29일 선포되었고, 대한제국은 그로써 막을 내리게 되었지.

99퍼센트가 모르는 역사 지식

한일합병조약은 '대한제국의 통치권을 완전히 그리고 영원히 일본 황제에게 넘긴다'는 조항으로 시작돼.

101가지 쿨하고 흥미진진한 한국사 이야기

1판 1쇄 인쇄 2021년 10월 5일
1판 1쇄 발행 2021년 10월 10일

지은이 황인희
펴낸이 이윤규

펴낸곳 유아이북스
출판등록 2012년 4월 2일
주소 서울시 용산구 효창원로 64길 6
전화 (02) 704-2521
팩스 (02) 715-3536
이메일 uibooks@uibooks.co.kr

ISBN 979-11-6322-063-3 43910
값 13,800원